美學四講

李澤厚／著

三民書局

再版說明

　　一九八六年的北京街頭，書報攤小販高喊著「李澤厚」、「中國古代思想史論」來拉攏買氣，證明了李澤厚先生家喻戶曉的知名程度。在美學方面，《美的歷程》、《美學四講》、《華夏美學》的出版，奠定了他美學大師的地位。在思想史方面，《中國古代思想史論》、《中國近代思想史論》、《中國現代思想史論》的發表，更在國內外掀起高潮迭起的論戰，引領著當時代學術發展的方向。

　　「李澤厚」三個字代表著深刻思考、理性批評，因此追隨者眾，其著作更是被廣泛盜版、翻印，劣質品充斥於市。一九九〇年代，在余英時教授的引介下，本局不惜鉅資取得李澤厚先生的著作財產權，隨即重新製版、印刷，以精緻美觀的高品質問世。

　　此次再版，除重新設計版式、更正舊版疏漏之處外，並以本局自行撰寫的字體加以編排，不惟美觀，而且大方，相信於讀者在閱讀的便利性與舒適度上，能有大幅的提升。

三民書局編輯部　謹識

李澤厚論著集總序

　　在大陸和臺灣的一些朋友，都曾多次建議我出一個「全集」，但我沒此打算。「全集」之類似乎是人死之後的事情，而我對自己死後究竟如何，從不考慮。「歸日急翻行戍稿，把空名料理傳身後」，那種立言不朽的念頭，似乎相當淡漠。聲名再大，一萬年後也仍如灰燼。所以，我的書只為此時此地的人們而寫，即使有時收集齊全，也還是為了目前，而非為以後。

　　而且，我一向懷疑「全集」。不管是誰的全集，馬克思的也好，尼采的也好，孫中山、毛澤東的也好，只要是全集，我常持保留態度，一般不買不讀，總覺得它們虛有其表，徒亂人意。為什麼要「全」呢？第一，世上的書就夠多了，越來越多，越來越讀不過來；那麼多的「全集」，不是故意使人難以下手和無從卒讀麼？第二，人有頭臉，也有臀部；人有口才，也放臭氣；一個人能保留一兩本或兩三本「精華」，就非常不錯了。「全」也有何好處？如果是為了研究者、崇拜者的需要，大可讓他們自己去搜全配齊；如果是因對此人特別仇恨（如毛澤東提議編蔣介石全集），專門編本「後臀集」或「放屁集」以揚醜就行了，何必非「全集」不可？難道「全集」都是精華？即使聖賢豪傑、老師宿儒，也不大可能吧？也許別人可以，但至少我不配。我在此慎重聲明：永

遠也不要有我的「全集」出現。因之，關於這個「論著集」，首先要說明，它不全；第二，雖然保留了一些我並不滿意卻也不後悔的「少作」或非少作，但它是為了對自己仍有某種紀念意義，對別人或可作為歷史痕跡的參考；第三，更重要的是由於我的作品在臺灣屢經盜版，錯漏改竄，相當嚴重，並且零零碎碎，各上其市，就不如乾脆合編在一起，不管是好是壞，有一較為真實可信的面貌為佳。何況趁此機會，尚可小作修飾，訂正誤會，還有正式的可觀稿酬，如此等等；那麼，又何樂而不為呢？這個「論著集」共十冊，以哲學、思想史、美學、雜著四個部分相區分。

前數年大陸有幾家出版社，包括敝家鄉的一家，曾與我面商出「全集」，被我或斷然拒絕或含糊其辭地打發了。我也沒想到會在臺灣出這個「論著集」。至今我沒好好想，或者沒有想清楚，為什麼我的書會在臺灣有市場，它們完全是在大陸那種特殊環境中並是針對大陸讀者而寫的。是共同文化背景的原因嗎？或者是共同對中國命運的關心？還是其他什麼原因？我不清楚。人們告訴我，在日本和韓國，我的書也受歡迎，而且主要也是青年學人，與大陸、臺灣情況近似。對此我當然非常高興，但也弄不清楚是什麼原因。臺灣只來過一次，時不過五週，一切對我還很陌生，但有幸能繞島旅遊一周。東海岸的秀麗滄茫，令人心曠神怡，太魯閣的雄偉險峻，令人神驚目奪。但使我最難忘懷的，卻是那最南邊頗為奇特的墾丁公園。在那裡，我遇到了一批南來渡假的女大學生，她們笑語連連，任情打鬧，那要滿溢出來的青春、自由和歡樂，真使我萬分欽羨。如此風光，如此生命，這才是美的本身和哲學本體之所在。當同行友人熱心地把我介紹給她們時，除

一兩位似略有所知外，其他大都茫然，當然也就是說並未讀過我的什麼著作了。那種茫然若失、稚氣可掬的姿態神情，實在是太漂亮了。這使我特別快樂。我說不清楚為什麼。也許，我不是作為學者、教授、前輩，而是作為一個最普通的老人，與這批最年輕姑娘們匆匆歡樂地相遇片刻，而又各自東西永不再見這件事本身，比一切更愉快、更美麗、更富有詩意？那麼，我的這些書的存在和出版又還有什麼價值、什麼意義呢？我不知道。

最後，作為總序，該說幾句更嚴肅的話。我的書在臺灣早經盜版，這次雖增刪重編，於出版者實暫無利可圖。在此商業化的社會氛圍中，如非余英時教授熱誠推薦，一言九鼎；黃進興先生不憚神費，多方努力；劉振強先生高瞻遠矚，慨然承諾；此書是不可能在臺問世的。我應在此向三位先生致謝。特別是英時兄對我殷殷關注之情，至可銘感。

是為「論著集」總序。

李澤厚

1994 年 3 月於科泉市

序

　　美學部分共分四冊。

　　第一、二、三冊為《美的歷程》、《華夏美學》、《美學四講》三書，分別初版於 1981、1988 和 1989 年。《美的歷程》成書前分篇發表時曾有「中國美學史外篇札記」的副標題，當時計畫中的內篇，即《華夏美學》是也。此二書均係討論中國傳統美學者；《美學四講》乃以拙之「人類學歷史本體論」為基礎之美學概論。

　　殿後的第四冊為《美學論集》。寫作、出版最早，初版於 1980 年，絕大部分為一九五〇、六〇年代發表之舊作。今日看來，如強調從本質論、反映論談美學、典型、意境等等，似多可笑；但過來人則深知在當年封腦錮心，萬馬齊瘖下理論掙扎和衝破藩籬之苦痛艱難；斑斑印痕，於斯足見。從而，其中主要論點又與後來之變化發展有一脈相沿承者在。新訂版增加當時結集時未及收入之一九七〇年代末八〇年代初之作品，則與前列之「美學三書」相直接銜接矣。

李澤厚

美學四講

目 次

前　言

　　《美學四講》者，前數年發表之四次演講記錄稿「美學的對象與範圍」、「談美」、「美感談」、「藝術雜談」，加以調整聯貫，予以修改補充，裁剪而貼之者也。

　　其所以不避譏罵剪貼成書者，一應讀者要求「系統」，二踐出版《美學引論》之早年承諾也。

　　其所以踐夙諾者，近年心意他移，美學荒棄，《引論》之作，或恐無期，故以此代彼也。

　　歲月已逝，新見不多，敝帚自珍，讀者明鑒。嗚呼。

李澤厚

一、美學

（一）美學是什麼

　　但首先是，有沒有美學？

　　美的現象極多，卻各不相同。松濤海語，月色花顏，從衣著到住房，從人體到藝術，從欣賞到創作……多麼廣闊、多麼異樣、多麼複雜、多麼奇妙！在如此包羅萬象而變化多端的領域裡，有沒有、能不能存在一種共同的東西作為思考對象或研究對象呢？能否或應否提出這種概括性的普遍問題呢？世界本是這樣的生動活潑、變幻多樣，為什麼硬要找出一種可能並不存在的「規律」或「問題」來管轄它、規範它、破壞它呢？這種「規範」或「問題」真正存在嗎？這是不是某種「本質主義」的謬誤呢？

　　這是美學一開頭就碰到的疑惑。

　　從很早起到目前止，一直有一種看法、意見或傾向，認為不存在什麼美學。美或審美不可能也不應該成為學科，因為在這個領域，沒有認識真理之類的知識問題或科學問題，也沒有普遍必然的有效法則或客觀規律。莊子早在兩千年前便說過，各美其美。人看見毛嬙、驪姬很美，魚、鳥看見她們卻躲得遠遠的。「逆旅人有妾二人，其一人美，其一人惡，惡者貴而美者賤。陽子問其故，逆旅小子對曰：其美者自美，吾不知其美也，其惡者自惡，吾不知其惡也。」[1] 美是主觀的和相對的，因人而異，哪裡有什麼共

同標準可找呢？不可能也不需要去發現或建立美或審美的規則、理論或科學。

　　至於說到藝術，就更加如此了。黑格爾《美學》一開頭便列舉了各種「反對美學的言論」，其中有「因為藝術美是訴諸於感覺、感情、知覺和想像的，它就不屬於思考的範圍，對於藝術活動和藝術產品的了解就需要不同於科學思考的一種功能。」[2] 這是因為，一方面「想像及其偶然性和任意性，——這就是藝術活動和藝術欣賞的功能——是不能歸入科學領域的」，另一方面，「純粹思考性的研究如果闖入」，也就破壞了藝術美，破壞了概念與現實融為一體的狀態。黑格爾把這種種反對美學的意見稱作「流行的見解」，說「這些意見……在一些論美或論美的藝術的舊著作裡（特別是法國的）是讀不完的。」[3] 直到今天，這種意見仍然強勁地存在著。認為美學不可能成立，認為藝術不可能或不應該成為科學研究的對象，仍然在一般人（特別在作家、藝術家們）中間流行。好些作家、藝術家不高興人們用思辨或邏輯去闖入或過問那本來他們自己也不知其所以然的創作天地。

　　同時，這種意見，也以各種不同形態表現在某些哲學—美學理論自身中。

　　例如一九三〇年代以來，邏輯實證主義在倫理學、美學領域

1 《莊子·山木》。

2 黑格爾：《美學》第 1 卷，商務印書館，北京，1979 年，第 8 頁。

3 同上書，第 9 頁。

提出的情感論就是這樣。英國哲學家艾耶爾 (A. J. Ayer) 當年便曾認為，所謂倫理學、美學等價值判斷，實際上只是一種感情的表現，沒有科學上的真理性或客觀的有效性。「你偷錢是錯誤的」這個倫理學的判斷實際只等於說「你偷了錢」加上一種感情態度或加個驚嘆號而已。偷錢與否是可以由經驗證實的事實，但錯誤與否卻不是能為經驗所證實的事實，從而也沒有客觀的真假。你說偷錢錯誤也不過是表示一種感情態度而已。「美學的詞語的用法與倫理學的詞語完全一樣。像『美的』『醜的』便與倫理學的詞彙一樣，並非對事實的陳述，而只是表現某種感情和引起某種反應而已。從而，如在倫理學中一樣，以為審美判斷有客觀有效性是沒有意義的。……與倫理學一樣，不能證實美學是體現知識的一種形式。」[4]

艾耶爾是這種觀點的較早階段，在維特根斯坦 (L. Wittgenstein) 晚年著作支配下的分析哲學則認為，各種美學理論之間的爭論，正如個人的欣賞之間的爭論一樣，實際上只是運用語詞的問題，「美是什麼的簡明正確的回答是：美是很多不同的事物，但還沒有很好地了解，就把『美』這個名詞用在它們身上了。」[5]「美學的蠢笨就在於企圖去構造一個本來沒有的題目，……事實也許是，根本就沒有什麼美學，而只有文學批評、音樂批評的原則。」[6] 藝術既然作為情緒感嘆難以論說，有文字

---

4 A. J. Ayer, *Language, Truth and Logic*, London, 1950, pp. 113～114.

5 轉引自 Thomas Munro, *Toward Science in Aesthetics*, p. 265.

憑據可供分析的便只有批評了。於是美學便只能是元批評學
(Meta-Criticism) 或分析美學 (Analytic Aesthetics)。這些反對傳統
美學或主張取消美學的觀點、論調當然也並不完全一致，例如艾
耶爾認為美學仍然可以研究審美的心理學和社會學上的原因，例
如有的人認為歷史上的美學理論在一定情況下強調出藝術的某個
方面，仍有積極作用，等等。但總的說來，這派哲學否認美學能
作為一門有關價值判斷的理論學科或哲學而存在，而哲學本身，
在他們那裡本就是語言分析，如維特根斯坦所說：「關於哲學大多
數命題並不是虛假的，而只是無意思的，因之我們根本不能回答
這類問題，我們只能說它們的荒唐無稽。哲學家們的大多數問題
和命題是由於我們不理解我們語言的邏輯而來的。」[7] 所以，維
特根斯坦認為，把美學看成是說明美是什麼的科學，便是「可笑
的」[8]。審美和倫理都屬於非定義的領域。比茲利 (M. C.
Beardsley) 等人的分析美學在這個哲學潮流中，便也風行一時。

應該承認，分析美學對藝術欣賞和批評中各種複雜問題，通
過語言解析，作了細密的探討和科學的清理，把問題提示得更為
清晰，使人們不能再停留在含混籠統的一般談論中了。特別是它
在揭露美學中一些基本概念如美、醜、藝術、模擬、表現、形式

---

6 W. Elton, ed., *Aesthetics and Language*, p. 50.

7 參看維特根斯坦：《邏輯哲學論》，商務印書館，北京，第 44 頁。

8 《關於美學，心理學和宗教的講論和談話》，II，1，並參看維：「美的概
　念已帶來了一大堆災難……」；「奇怪的是，許多時代都不能把自己從
　『美』和『美的』概念中解脫出來」《文化與價值》1946，1948）等等。

主義、現實主義等等的詞意含混、歧異多義，是有貢獻的。哲學人文學科的一些基本概念、詞彙大多來自日常語言，多義性、隱喻性、含混性十分突出。美學和文藝理論中的許多命題和爭論，特別是這種爭論的混亂性質，很重要的一個原因就由此而起。例如前些年中國大陸十分熱鬧的關於形象思維的討論便相當典型，爭論了半天，「形象思維」這個詞究竟是什麼意思，它包含有哪幾種不同涵義，卻並沒弄清楚。分析哲學確乎可以幫助人們去做一些非常必要的澄清，使人們習慣於比較嚴格地、科學地注意使用概念、語詞和語句。這在今天的中國學術界特別值得提倡。而研究美學和藝術領域的語詞、語句、用法、涵義等，也仍然是件巨大的工作。

但另方面，又不必因噎廢食，不必因語詞概念的多義含混而取消美學的生存；正如並不因為審美的藝術領域內突出的個性差異和主觀自由，便根本否認研究它的可能一樣。事實上，儘管一直有各種懷疑和反對，迄今為止，並沒有一種理論能夠嚴格證實傳統意義上的美學不能成立或不存在。分析美學也未能真正取消任何一個傳統美學問題。相反，從古到今，關於美、審美和藝術的哲學性的探索、討論和研究始終不絕如縷，許多時候還相當興盛。可見，人們還是需要和要求這種探討，希望了解什麼是美，希望了解審美經驗和藝術創作、欣賞的概括性的問題或因素。

為什麼會這樣？這倒是一個有趣的問題。是人心永遠有形而上的追求？還是五花八門的藝術現象促使人們「思維經濟」，關心共同規律？

　　維特根斯坦認為，「美學之謎是各門藝術對我們發生作用之謎」[9]。藝術並非私人心理，它是公共的遊戲 (game)，遊戲雖無規律，卻有參加者必須遵守的規則。而藝術的這種規則是與一定的生活和文化緊相聯繫的。維特根斯坦說，「為了明白審美表達，必須描述生活方式」[10]，「我們用來作為審美判斷的那些詞語，在我們稱之為一個時期的文化的東西中有一種複雜的，但當然也很確定的作用。為了描述它們，或者為了描述人們所指的教養趣味的東西，便必須描述一種文化。」[11]即是說，審美領域中那許多詞彙、概念以及它們在這語言中的使用規則，是與一定的文化、生活（即維特根斯坦稱之為「實踐」的）緊密聯繫在一起的。因之，要具體研究文化和生活，才能了解有關審美和藝術的許多詞彙、語句和使用它們的規則和意義。

　　可見，從現代哲學的寵兒分析哲學看，分析語詞也將走向或歸結於分析文化、生活、社會。從而，今天的美學不但一方面變成「元批評學」即關於批評原理的語言研究；同時，另方面，藝術史和藝術社會學的具體研究卻已遠超美學，占居首要地位。所以儘管分析美學或元批評學仍然需要，但事實是它並不能替代美學的全部，並不能取代對藝術和審美現象的經驗科學的研究。這倒如同托馬士・門羅 (Thomas Munro) 所早描述過的：

---

9 同上書，IV，1。

10 同上書，I，35。

11 同上書，I，25。

　　半世紀以來美學是沿著科學的、自然主義的路線迅速地發展起來了。它已經包括了藝術的一般理論在內，它從包括心理學、文化史、社會科學等的各個有用的來源中，嘗試去綜合涉及藝術及有關的經驗、行為的事實報導。……歷史學家和心理學家愈來愈看到藝術趣味的巨大的變易性，看到對不同的文化集團和個人來說什麼是美。[12]

　　但是，美學就是藝術社會學麼？

　　關於美和藝術的談論或描繪，自古至今，卻並不一定聯繫在一起。在古希臘，談藝術可以不涉及美的概念，談美也不提及藝術[13]。中國亦然。今天，欣賞風景的審美愉快，與藝術作品的美學批評，也可以互不相干。美與藝術是否有必然聯繫，這本身便是尚待深究的問題，那麼，把美學完全歸結為、等同於藝術社會學，不也是太匆忙或太片面了嗎？

　　那麼美學到底是什麼呢？

　　中文的「美學」一詞二十世紀初來自日本（中江肇民譯），是西文 Aesthetics 一詞的翻譯。西文此詞始用於十八世紀鮑姆嘉通(Baumgarten)，他把這個本來指感覺的希臘字轉用於指感性認識的學科。所以如用更準確的中文翻譯，「美學」一詞應該是「審美學」，指研究人們認識美、感知美的學科。但約定俗成，現在也難

---

12 Thomas Munro, *Toward Science in Aesthetics*, p. 263.

13 F. Chambers, *The History of Taste*, Columbia, 1960, p. 282.

以再去「正名」了。關於美學的定義，目前中國大陸流行的主要
有三種：(一)「美學是研究美的學科」；(二)「美學是研究藝術一
般原理的藝術哲學」；(三)「審美學是研究審美關係的科學」。在
我看來，(一)、(三) 都有同語反覆的問題。前者（「美學是研究
美的學科」）在中文是同語反覆，等於沒有說。後者（「審美學
(Aesthetics) 是研究審美關係的科學」）在西文中亦然。審美關係
是一個極為模糊含混的概念。什麼叫「審美關係」呢？不清楚，
這正是美學需要去探討的問題，用它來定義美學，使人更感糊塗。
(二) 則是過於狹窄又過於寬泛。現實生活、自然美和許多審美
現象並不屬於藝術，卻仍在美學研究範圍，例如美育便不只是藝
術教育問題，科技也有美學方面的問題，等等。而另方面，某些
藝術學的問題，某些藝術的一般原理，如藝術與政治的關係等等，
卻又並不是美學研究的對象。可見，這三種說法、三個定義都不
完滿和準確。至於說美學是研究感性愉快的學科，美學是研究形
象的科學，美學是一種價值哲學……，就更空泛，更不能說明問
題了。

　　與其首先尋覓一個美學定義，還不如看看這門學科的具體歷
史和現況。儘管迄今為止，關於美學的對象、範圍、內容，一直
有各種不同的看法和爭論，但不管怎樣，也不管美學這個名詞出
現多晚（在西方到十八世紀，在中國流行要到辛亥和「五四」前
後），從歷史看，如剛才所說的，從古代起，就有關於美和藝術的
哲學議論和理論探討，就有今日美學所研究、所包括的對象、領
域和內容。而這種內容基本上可分為三個方面或三種因素，它們

倒恰好與上面三種定義相對應，並的確構成至今美學的三種成分。有人認為，近代美學是由德國的哲學、英國的心理學、法國的文藝批評三者所構成 (J. Stonitz)。有人認為，美學包括哲學、心理學、客觀對象分析三種研究 (H. S. Langfeild)，或美學可分為形而上的（定義美）、審美心理的、社會學的三種研究……這些看法，我以為倒是符合美學這門學科的歷史和現狀的。所謂美學，大部分一直是美的哲學、審美心理學和藝術社會學三者的某種形式的結合。比較完整的形態是化合，否則是混合或湊合。在這種種化合、混合中，又經常各有不同的側重，例如有的哲學多一些，有的藝術理論多一些，有的審美心理學多一些，如此等等。從而形成各式各樣的美學理論、派別和現象。

就今天世界說，歐美流行並占主要地位的是分析哲學的美學和藝術本體論的美學，主要在討論、研究、解釋藝術是什麼，包括產生在德國的解釋學 (Hermeneutics) 和美國當前的慣例論 (Institutional Theory)。在蘇聯、東歐，主要是馬克思主義反映論的美學和文藝理論，其中包含著名的盧卡契 (Lukacs)。在東方，日本似乎主要受德國美學的支配影響，中國則數十年在蘇聯傳來的「馬克思列寧主義美學」的支配下。

那麼，什麼是本書對美學學科的基本看法呢？

多元化。我曾認為，「真理是一個由許多方面構成的整體。因而，可以從不同的角度、不同的途徑、不同的問題、不同的要求去接近它；接近的層次、側面可以不同，所追求達到的目標可以不同」；「多層次、多側面、多角度、多途徑、多目標、多問題、

多要求、多方法，互相補充，互相完善。」[14]

美學亦應如此。

多元化標誌某種統一的完整的體系或系統的永遠消失和不再建立，包括哲學，也不過是提供一種觀點或觀念，不會再是包羅萬有、解釋一切的完整體系。哲學、美學不應也不會定於一尊，從而，可以也應該有從各種不同的角度、層次、途徑、方法出發和行進的美學，有各種不同的美學。這不僅是理論的不同，而且也是類型、形態的不同。形態、類型的不同和理論的不同有關係，但它們不是一回事，同一類型或形態的美學，仍有根本理論的不同。這裡講多元化，主要指的是類型和形態的不同。例如，美學就可以按此多元化所形成的不同形態分為不同類別，有如下兩表：

---

14 拙著《走我自己的路》，三聯書店，北京，1986 年，第 233、235 頁。

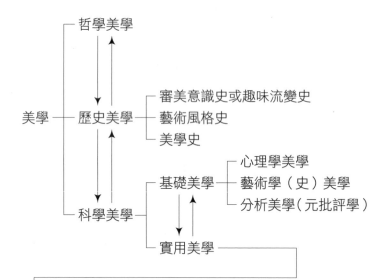

哲學美學

美學 ── 歷史美學 ── 審美意識史或趣味流變史
　　　　　　　　藝術風格史
　　　　　　　　美學史

科學美學 ── 基礎美學 ── 心理學美學
　　　　　　　　　　　藝術學（史）美學
　　　　　　　　　　　分析美學（元批評學）

實用美學

- 文藝批評和欣賞的一般美學。
- 各文藝部類美學，如音樂美學、電影美學、戲劇美學、書法美學、舞蹈美學、各造形藝術的美學等等。
- 建築美學
- 裝飾美學：包括園林、環境、服飾、美容等等。
- 科技─生產美學：涉及時空、運動、聲光、機體結構、產品設計、生產流程等等。
- 社會美學：涉及社會生活、組織、文化、風習、環境、保護、生態平衡等等。
- 教育美學：包括德、智、體三育中的美學問題，藝術教育問題兩大方面。

　　應該十分注意，任何分類都只有相對的意義，其中總有牽強、不完備、不確定和不周延的地方。各類之間的各種相互滲透、制約、分化、綜合等關係，極為繁複，更不是圖表所能表達或概括。實用美學和基礎美學，領域和對象都廣闊龐大，而且會有進一步的分化、細密化、專門化，並將形成一些只有少數專家才能進入或懂得的專門學科或科學，它們會產生一套自己的詞彙、語言、概念和公式，遠不是廣泛公眾所能參與、了解和有興趣的了。

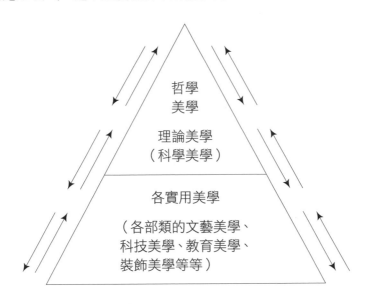

哲學
美學

理論美學
（科學美學）

各實用美學

（各部類的文藝美學、
科技美學、教育美學、
裝飾美學等等）

　　可見，已經沒有任何統一的美學或單一的美學。美學已成為一張不斷增生、相互牽制的遊戲之網，它是一個**開放的家族**。

　　從而，追求或尋覓一個統一的美學定義，就成為徒勞無益或缺乏意義的事情。我以前提出的「美學——是以美感經驗為中心，

研究美和藝術的學科」的說法,只是從哲學的角度對當前美學作某種現象的描述和規定而已。比較起來,它還有一定的適用性。

但哲學應該是大眾的,哲學美學恰恰不是專門化的美學。因為哲學並不就是科學,也不只是分析語言,它主要是去探求人生的真理或人生的詩意。誰都有人生,因此誰都可以去尋求那人生的真理,去領會那人生的詩意。

(二) 哲學美學

從哲學角度對美和藝術的探討,在二十世紀以前,基本上是西方美學的主幹。有意思的現象是,在美學史上占最為顯赫地位的,常常是哲學家。美學史上最為重要的理論也常常是從哲學角度提出的,如柏拉圖、康德、黑格爾、克羅齊(Croce)、杜威等等。這種美學經常只是作為某種哲學思想或體系的一個部分或方面,從哲學上提出了有關美或藝術的某種根本觀點,從而支配、影響了整個美學領域的各個問題,使人們得到嶄新的啟發或觀念。儘管這些哲學家們並不一定直接談及許多具體藝術問題或藝術作品,也沒有對審美心理或藝術欣賞、創作以及美學語詞作精細的研究,但他們這些抽象甚至晦澀的觀點、理論,倒常常比那些精細的鑒賞批評或科學分析,影響更為深遠。前者經過時間的流逝,

經常被遺忘或淘汰，人們卻仍然願意不斷回顧和玩味哲學家們關
於美和藝術留下的「至理名言」。正如今天不會再有人去談牛頓的
力學著作或歐幾里德甚至達爾文，卻仍然會去讀柏拉圖或老子一
樣。再偉大的科學著作也會過時，而哲學名著卻和文藝作品一樣，
可以永恆存在。為什麼？這大概就是此獨特的「人生之詩」的魅
力所在。這詩並非藝術，而是思辨；它不是非自覺性的情感形式，
而是高度自覺性的思辨形式；它表達和滿足的不只是情感，而且
還是知性和理性，它似乎是某些深藏永恆性情感的思辨、反思。
這「人生之詩」是人類高層次的自我意識，是人意識其自己存在
的最高方式，從而擁有永恆的魅力。

　　柏拉圖關於美是什麼的問題，不是至今仍然吸引人們的好奇
心麼？美不是美的小姐，不是美的湯罐……，那麼「美本身」，那
值得一切藝術以及一切人們去追求、嚮往、模擬的「美本身」，究
竟是什麼呢？也就是說，各種美所應有的共性和理想究竟是什麼
呢？他尖銳提出的這個問題不是至今仍然沒有得到答案，而逼迫
著人們去不斷尋求麼？柏拉圖關於藝術是影子的影子的理論也如
此。藝術只是理式的雙層影像，畫家沒有鞋匠的手藝卻可以畫鞋
子，不能要求藝術家懂得他所「模擬」的一切，那麼他和他所模
擬的「影子的影子」又有何意義和價值呢？柏拉圖的回答是暴虐
的──藝術沒有用處，詩人應該趕出「理想國」。但這個涉及藝術
存在與藝術本質的問題本身，不仍然有其合理的生命力麼？

　　統治中國大陸現代美學的主要是馬克思主義美學。一般都認
為，馬克思沒有留下關於美和藝術的系統理論[15]，但是，馬克思

關於「自然的人化」的觀點，關於「人是依照美的規律來造形的」簡要提法，不就比普列漢諾夫關於藝術的大量理論論著，還遠為吸引人打動人麼？在這些言短意深的涉及美的哲學談論中，不也包含著對美究竟是什麼的一種回答麼？

所以，儘管現代西方美學對這種從哲學出發的美學觀或美學思想，經常予以嘲弄和譏評。但始終拿不出能夠匹敵這些哲學巨匠們的東西來。也許，現代生活的花花世界使人對抽象思辨失去了興趣。也許，精確的現代科技工藝使人對籠而統之的哲學理論感到厭倦和不可信任。但沒有哲學，又如何在總體上去把握和了解世界和自己，去尋索和表達對人生的探求和態度呢？人們總有對美和藝術本質作形上思索的愛好，看來並非偶發事件。現代西方在哲學美學上的理論蒼白，並不能證明美的哲學已經終結，也許恰好是相反的證明：任何心理學和社會學的科學研究替代不了美的哲學思辨。

---

15 1858 年版《新亞美利加百科全書》中的〈美學〉條目（見《美學》第 2 期），雖至今尚無足夠材料證實，但我傾向於認為它出自馬克思的手筆（大概少數詞句被人修改過，但基本上是馬克思寫的）。

真	善	美
知識	意志	情感
工藝技術、自然科學、社會科學	行為、制度、道德、人文學科	各類藝術
認識論	倫理學	美學
描述語言，事實世界	指令語言，價值世界	感覺語言，心理世界

哲學 {

　　所以，儘管我提倡美學的分化和科學化，提倡實用美學、科學美學等等，但我也仍願強調保留這塊哲學美學的自由天地。因此也願意重複指出，為什麼美學史上最重要的著作和理論仍然是美的哲學？為什麼美學屬於哲學學科？……這是因為美的哲學所要處理、探尋的問題，深刻地涉及了人類生存的基本價值、結構等一系列根本問題，涉及了隨時代而發展變化的人類學的歷史本體論。有人說，哲學可以列一個表，那麼這個表便經常如上表所示。

　　如前所說，任何分類總有牽強之處，用簡單的表格來劃分複雜的問題，更是如此。而且這張表也似乎太粗糙、太簡單化、太不精確了。究竟什麼是「知」？是「情」？是「意」呢？難道「知」裡沒有「意」和「情」嗎？「情」中沒有認識和倫理嗎？意志不是在理智認識的支配控制下嗎？……可以提出一大堆疑難。這種劃

分似乎與現代科學的嚴格要求距離太遠。真、善、美，知、情、意這種種概念似乎太古老陳舊，應該廢除了。然而，這並沒有辦到。儘管現代科技如何飛速發展，如何精密準確，正如維特根斯坦所說，人生問題仍然沒有解答。有關人類存在的這些基本價值語詞，以及它們的這種區劃，儘管是那樣的模糊籠統，卻仍然保持著它長久而動人的魅力。真是什麼？善是什麼？美是什麼？它們的聯繫與區別是什麼？它們與人類的總體和個體存在的意義、目的、關係如何？……仍然在不斷地引人思索。對人生的哲理思辨，將永遠隨時代而更新，人的永恆存在將使人的這種自我反思──哲學永恆存在，將使美的哲學探索永恆存在。我曾說過，哲學是研究人的命運的。所以它才是「人生之詩」，從而具有那永恆的魅力。誰能不關懷命運呢？所以，我不認為哲學只是分析語言的學科，也不認為哲學只是科學方法論，不管這種方法論的範圍如何廣大，哲學始終是科學加詩。這個「加」當然不是兩種事物的拼湊，而是指具有這兩個方面的內容、因素或成分。它有科學的方面和內容，即有對客觀現實（自然、社會）的根本傾向作概括領悟的方面，但並非某種科學的經驗論證；同時它也有特定時代、社會的人們的主觀意向、欲求、情致表現的方面，其中總包含有某種朦朧的、暫時還不能為科學所把握所規定的東西，這東西又總與人的存在或本質、人生的價值和意義、人的命運和詩情糾纏在一起。每個不同的時代和社會，賦予這些永恆課題以具體的新內容，所以，真、善、美這些古老課題，及其哲學探討，不斷變化又萬古常新，每一個時代、每一種學派都將對這些涉及

人類價值的基本課題和語詞作出自己的重要回答和應用。正因為這些回答和應用涉及的經常是整個人生或世界，它就影響、支配和決定著對其他許多問題的回答和探討。例如，對藝術的不同哲學看法，必然決定或影響著對各種藝術作品、流派、歷史以及藝術創作、欣賞、批評的品鑒、研究或評價，雖然這種決定或影響可能是間接而曲折的。

　　沒有純粹的哲學，哲學總是自己時代意識和人生之詩的精華。它是精華，可以抽象而高遠，似乎不食人間煙火；它是自己的人生，所以總與自己時代的倫理、科學和藝術有深刻的瓜葛和牽連。哲學總包涵、包括或代表著自己時代的科學主流中的某些東西，是這些東西的昇華或抽象。正如笛卡兒哲學與當時的數學、洛克與心理學、康德與牛頓、黑格爾與當時科學中的進化觀念、現代哲學與語言學……的關係一樣，美的哲學亦復如此。在眾多的美的哲學中，它們也常各有所側重，各自包含著不同方面的科學內容或疑問。例如在康德的美學中，特別是「美的分析」中，更多的是審美心理學的問題，由審美現象的描述涉及了心理本體的建構。黑格爾的美學更多是藝術史方面的內容，由各類藝術的歷史學描述涉及了心理本體的對應物，那物態化的時代精神。兩個哲學體系大有區別，美學面貌也迥然不同。

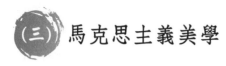

（三）馬克思主義美學

　　那麼，馬克思主義美學呢？前面講過，中國大陸現代美學的主流是馬克思主義美學，離開了這個現實的省視來談美學一般，將是一種逃避和怯懦。

　　從馬克思、恩格斯開始，到盧卡契、阿多諾，從蘇聯到中國，迄至今日，從形態說，馬克思主義美學主要是一種藝術理論，特別是藝術社會學的理論。馬克思、恩格斯講現實主義，論歌德，評拉薩爾的悲劇，評論《城市姑娘》、《巴黎的祕密》，提及莎士比亞、巴爾扎克、席勒、狄更斯、喬治桑等等，主要都是講的藝術問題。以後，拉法格對雨果的評論，梅林對萊辛、海涅等的研究，普列漢諾夫對從原始藝術到十九世紀末印象派的研究和評論，都如此，都是以藝術作為主要對象和題目。到列寧的《黨的組織和黨的文學》、論托爾斯泰的著名論文，到毛澤東，仍然如此，並變本加厲。即使是盧卡契非常重視美學特徵，也仍然是從文藝與社會關係這個基礎來立論。馬克思主義美學的藝術論有個一貫的基本特色，就是以藝術的社會效應作為核心或主題。這社會效應，又經常是與馬克思主義提倡的無產階級的革命事業和批判精神聯繫在一起加以考慮、衡量、估計和評論的。所以西方某些美學文選中，常把托爾斯泰論藝術和馬克思主義論藝術放在一起，這就

是因為托爾斯泰強調藝術必須起宗教的社會效應或功能，馬克思主義則要求無產階級藝術起革命的作用，儘管兩者內容根本不同，但從強調藝術與社會的關係，強調藝術對社會的效應、功能、作用、意義來說，是相同的。直到現在，我們說藝術是上層建築，藝術是對社會生活的反映又反作用於社會，藝術為人民、為社會主義服務，等等，都仍是圍繞著藝術對社會的效應關係講的。包括普列漢諾夫講藝術起源，講美是由實用到超功利，也是圍繞這問題。所以說，馬克思主義美學主要是一種講藝術與社會的功利關係的理論，是一種藝術的社會功利論。

西方近現代美學主要是從心理上講藝術，他們常常強調藝術的非社會功利性的審美特徵。像很出名的布洛 (E. Bullough) 的「距離說」，便是要求審美要保持超功利的心理距離。這一理論現在大家已經比較熟悉了。

有趣的是，馬克思主義者葛蘭西 (Gramci) 也曾提出一個「距離說」。他的「距離說」，恰好與布洛相反，他認為儘管藝術是藝術，不能從外面強加什麼東西在上面，但我們在藝術欣賞時卻決不能陶醉在審美裡面，鑽進象牙之塔，而必須保持一定的距離，才能站在維護社會文明的立場，採取一種文化批判的態度。因而他的「距離說」，恰恰是強調必須與純粹審美的欣賞保持一定的距離。這也就是說，藝術、藝術創作和藝術欣賞都不僅是審美的，而且是作為文化的一個部分，它是有社會的效應和作用的。這實際也是要藝術為現實服務，要求用批判的眼光來觀賞和對待過去的藝術，和創造新的人民與無產階級的藝術。可見，這兩種「距

離說」，各自強調兩個不同的方面，一個強調超社會功利性的審美心理特徵，一個強調藝術的審美與社會功利的密切聯繫，或者說是強調除審美外，藝術有社會的、政治的、文化的作用和功能。到毛澤東提出文藝有政治標準和藝術標準兩個標準，便以突出的對立形式把這一觀點發展到了一個極端。毛澤東強調政治標準第一，這也正是馬、恩強調藝術反映現實、服務於現實，和列寧提出藝術的黨性原則的進一步的發展，它甚至還可以追溯到黑格爾關於藝術的內容和形式的區別、強調內容決定形式等論點。從指導藝術實踐這角度看，恩格斯希望寫出典型的革命的無產者，列寧對高爾基《母親》的高度評價（儘管《母親》在藝術上並不算上乘之作，比高爾基的自傳體的三部曲差得遠），也都是從革命的社會效應來著眼的。毛澤東《在延安文藝座談會上的講話》系統化了這些思想，而且還加上了中國自己的傳統。中國除了「文以載道」這一古老傳統外，中國的新文藝，從五四時代起，也經常是與社會鬥爭、革命要求以至革命戰爭密切聯繫在一起的。我常說，中共現代文藝實踐是文工團的傳統[16]。在戰爭和行軍途中，不是有打著快板鼓勵士氣的宣傳員麼？不是有油印或手抄的戰地小報麼？不是有自編自導的歌舞說唱麼？在烽火連天的抗日戰爭歲月裡，不是有〈信天游〉新民歌、〈兄妹開荒〉的秧歌舞麼？不是有抗戰歌曲和木刻麼？五四以來的新文學的主流也大都是「為人生而藝術」，魯迅、郭沫若、茅盾、巴金、艾青、老舍等等，大

---

16 參看拙著《中國現代思想史論》。

都是以反映社會現實或服務於革命為創作主題或目的。中國現代文藝的很大一部分就從這裡起步和發展，它們常常是異常直接地為現實生活以至為革命鬥爭服務的。儘管葛蘭西反對藝術是規定了的政治宣傳，毛澤東也講過標語口號式的文學不能起藝術作用，但要求藝術直接服務於社會的、政治的、軍事的、文化的需要這一基本論點，還是壓倒一切和相當突出的。在那個血肉橫飛、戰鬥激烈的時代和氛圍裡，你也絕不會整天唱〈教我如何不想她〉之類的歌曲，演《櫻桃園》、《哈姆雷特》之類的戲劇，儘管它們藝術水平如何高如何美；而更多是唱〈中華民族到了最危險的時候〉、〈黃河在怒吼，黃河在咆哮〉和演《放下你的鞭子》、《白毛女》，儘管它們在藝術上可能相當粗糙。

　　正由於高度重視和主要著眼於藝術對現實生活和革命鬥爭的實際效用，從而強調藝術對現實生活的某種模寫、反映、認識，便成了基本美學理論。十九世紀歐洲現實主義文藝洪流又從作品上印證著這一理論。所以，從馬、恩、列、毛到盧卡契，反映論的認識論成了馬克思主義美學的基石。馬克思提到巴爾扎克小說的認識功能，恩格斯提出「典型環境中的典型性格」，列寧認為托爾斯泰是「俄國革命的一面鏡子」，毛澤東要求為工農兵、寫工農兵，盧卡契更從學術上詳細論證了藝術源起於巫術，它模擬現實，作用於現實等等。

　　所以，從理論傳統和實踐傳統看，馬克思主義美學這種特徵是有其時代歷史的原因的。它是馬克思主義本身的批判性、革命性和實踐性在藝術─美學領域中的體現。這就是我們所習慣了的

馬克思主義美學。在中國，它從一九三、四〇年代起開始廣泛傳播，1949 年後便占據了統治地位。直到現在，我們的文藝教科書、美學書一般還是這樣講的。但現在問題來了。在大學課堂中，許多同學反映，這一套已經聽膩了，它解決不了目前藝術實際中存在的許多問題，不能解釋今天人們對藝術欣賞、藝術創作的狀況、要求和願望，也不能說明現代世界藝術的複雜情景。於是同學們不感興趣，認為它不是美學，要求用西方美學替代它。可是一些老師講，這確實是馬、恩、列和毛澤東講的呀！這確確實實是馬克思主義的美學呀！如何能離開它，另起爐灶呢？這似乎是在美學中堅持不堅持馬克思主義這樣一個非同小可的問題。於是，兩邊弄得很僵，矛盾尖銳。

那麼，究竟怎樣來處理這個問題呢？我覺得還是遵循「不要哭，不要笑，而要理解」這個原則好，就是說，不必情感衝動，以愛憎代替判斷；不因憎惡教條而痛斥馬列，也不為「捍衛馬列」而大罵青年。重要的是理解。而任何理解都是歷史的理解，即通過理解歷史，理解自己的現在。而理解歷史又包含理解我們現在的歷史性的生存特徵在內。人如果不盲目地作為生物的自然族類存在，便該存在在自我意識中，也就是存在在對自己的理解和解釋之中。只有理解和解釋了自己的存在，自己也才真正存在。對馬克思主義美學也應作如是觀。

先扯遠一點。我常常感覺，某些偉大的思想家在早期建立自己整體世界觀中，具有多方面的豐富思想。但在他以後的一生中，多半是自覺或不自覺地依據時代的需要，充分發展了他的世界觀

或思想中的某些方面而並非全部。例如，康有為的《大同書》便包含了許多進步的、革命的思想。在百年以前，康有為就提出，男女結婚可訂一年為期的合同，到期合適的可續約，不合適的就自動解除婚約。一百年前的中國是什麼社會情況和氣氛?「三從」、「四德」、「烈女」、「節婦」的封建禮教占統治地位。在男人剪辮、女子放足都阻力極大、非常困難的社會環境和政治條件下（當時資本主義的西方世界在性問題上還非常保守），卻居然能提出這種思想，那是很了不起的。這不過一個例子。他的《大同書》中還有好些現在看來也很激進的思想，如人死後火葬，骨灰用以肥田，如廢除國家等等。但康有為始終不肯公開發表《大同書》，以後也未作發揮，只給幾個最要好的學生、朋友講講。他認為如果公開這些先進思想，會反而妨礙現實鬥爭。他把主要精力放在研究、策劃、制定君主立憲的變法維新的具體問題上，提出一系列的戰略策略主張。康有為的學生們當然就更是這樣。我覺得，馬克思也有類似的情況。馬克思青年時期未曾發表的《1844 年經濟學哲學手稿》中，便有許多豐富的、重要的、寶貴的思想，然而，由於當時階級鬥爭政治鬥爭和馬克思本人專注於無產階級革命事業的理論和實際，馬克思本人和他的追隨者繼承者如恩格斯、伯恩斯坦、考茨基、李卜克內西、梅林以及普列漢諾夫、列寧、盧森堡、第二第三國際等等，都主要發揮發展了有關革命事業這一方面的理論學說。如上面所說，包括美學－藝術理論，也主要從這個角度著眼。而把《手稿》中以及《政治經濟學批判（1857～1858 手稿)》中尚未詳細論證的其他一些重要的、珍貴的思想忽

略過去或暫時擱置起來了。

這個情況現在該是可以改變的時候了。馬克思主義及其美學必須隨現時代的需要和特質來發展自己，否則就難以生存。堅持不是發展，發展才是堅持。

那麼，什麼是我們現時代的特點呢？如果說，馬克思、恩格斯所處的時代是自由資本主義時期，在藝術和美學領域是以浪漫主義（包括批判的現實主義）到印象派的自我表現為特徵；如果說列寧所處的時代是帝國主義瓜分殖民地引起世界大戰的時期，在藝術和美學領域是抽象主義以醜為美、以苦為樂的自我抗議的異化理論和藝術符號為特徵；那麼，自第二次世界大戰以後則進入後帝國主義時期，殖民地紛紛獨立，構成了龐大的第三世界，現代科技和生產力的猛增，跨國公司的強大，中小企業的繁榮，白領工人的擴大……，使世界的經濟、政治、文化日益在進入一個新的階段，在藝術─美學領域，則以多元化的不拘一格、藝術與日常生活的空前廣泛地滲透、花樣翻新的加速度和商業文化與反商業文化的對抗和對流等為特徵。就中國說，新時代最大特徵之一是開始結束了幾十年和幾千年的封閉狀態，中國文明將第一次跨入世界之林，與其他文明作真正的對話和交流。物質文明在走上現代化的道路，那麼，中國的馬克思主義哲學美學該怎麼辦呢？作為人生之詩的哲學美學，能不去理會不去涵蓋這些時代因素嗎？能夠超越這一切具體時空和歷史性，來作純粹的語詞遊戲或精神翱翔嗎？

目前關鍵問題是馬克思主義的理論研究（不僅是文藝─美學

理論），如何轉到適應新的歷史時期的時代需要上來。例如，到目前為止，許多人（也包括西方的一些馬克思主義者）一直強調馬克思主義是革命的理論、批判的理論；誠然，馬克思主義是革命的理論、批判的理論，但它只是這種理論嗎？在現時代，不論在東方還是西方，光堅持或只談是革命的理論，已經不夠了。它只是馬克思主義的一個方面，儘管曾經是主要的基本的方面。但無論如何，階級、階級鬥爭、革命都只和一定的歷史階段相聯繫。在漫長的人類歷史上，它畢竟是比較短暫的現象。不能天天革命，歲歲戰爭。階級鬥爭不能「年年講月月講天天講」，並且階級遲早還要歸於消滅。如果認為堅持和發展馬克思主義，就是堅持和發展批判、革命，老是不斷革命，這就要走向反面。所謂「無產階級文化大革命」不是最沈重的教訓嗎？所以，我認為應該明確馬克思主義不僅是革命的哲學，而且更是建設的哲學。不但因為我們現在主要是建設，而且因為建設文明（包括物質文明和精神文明）對整個人類來說，是更為長期的、基本的、主要的事情，它是人類賴以生存和發展的基礎。光批判，是並不能建設出新的文明的。我們要從人類總體的宏觀歷史角度來鮮明地提出這個觀點。這觀點也正是馬克思主義本身的要求，即應該歷史地理解馬克思和馬克思主義。馬、恩、列和毛澤東、葛蘭西等人一生處在革命鬥爭的時代，他們主要發揮了革命思想這個方面。馬克思晚年寫《哥達綱領批判》，即如此。但馬克思在《1844年經濟學哲學手稿》、《政治經濟學批判（1857～1858手稿）》以及《資本論》第3卷中，還講了好些有關文明建設方面的寶貴思想，後來由於上

述歷史條件的緣故，沒有充分發揮。現在不正是到了需要根據我們將近四十年來的經驗教訓，根據國際共產主義運動成百年的經驗教訓，以及西方資本主義國家的發展情況和世界科學技術革命的發展情況，也就是說，要根據新的歷史時期所出現的新情況，對馬克思主義加以豐富和發展的時候了嗎？馬克思主義美學不也是這樣嗎？不也應該來個根本的轉變嗎？不應該把藝術不僅作為革命的武器而且更作為建設的結構去考慮嗎？建設精神文明就涉及文化—心理結構問題，即心靈塑造和人性培育問題，我以為這恰恰正是今日馬克思主義美學所應該加倍重視、研究和解釋的主要課題。例如，前面講過，不但馬克思主義美學而且當代西方美學許多流派都把美學看作是有關藝術的理論，那麼，自然美包括不包括在內呢？人們的現實日常生活，大至社會的勞動生產過程，人與物、人與機器、人與人以及各部門組織之間的協調和消除科技異化等等，小至個體生活的勞逸安排，其中也都包括節奏、韻律、和諧、有機統一等問題，它們與美學無關嗎？你的房間，從牆壁色彩到家具組合，甚至一個普通的燈罩、茶杯，也總希望搞得更「合適」一點。你的穿裝打扮，從衣服到鞋帽、甚至一個小鈕扣也可以有某種「講究」。老實講，這些東西在戰爭年代是顧不上的，但現在卻提到日程上來了。那麼，把美學僅僅規定為藝術理論（主要又是 fine art 或專供觀賞的藝術），是不是太局限了呢？人們要遊歷，要觀賞自然美，要玩樂在大自然中，人們要美化生活，從外表到內心，都希望符合美的要求，美學能不過問嗎？所以，前面那張美學多元化的圖表，強調美學領域的廣大多樣，不

正是以這種哲學作為理論基礎和依據的嗎？就是說，不能僅僅從
無產階級革命事業的角度，而更應該從人類總體的物質文明和精
神文明的成長建設的角度，即人類學本體論的哲學角度，來對待
和研究美和藝術。這樣，美學領域自然非常廣大，它不只是分析
語言，也不止於藝術探究。但廣大卻又不是什麼都可包括。美學
不是到處貼用的商標，所以我不承認有什麼倫理美學、新聞美學
等等。把什麼都看成是美學，等於取消了美學。關於倫理美學等
等何以不能成立，已在別處講過，這裡便不再談了。

 (四) 人類學本體論的美學

　　這裡要談的只是哲學問題，即指出如果從人類學本體論的哲
學角度去研究美學，就會與過去講的所謂馬克思主義美學有很大
的不同。過去多半是外在地去描述、探討和研究藝術作為社會現
實的反映、藝術作為上層建築、藝術與生活、藝術與政治以及藝
術的主題、題材、體裁、技巧和藝術家個人等等，注意分析作品
內容和作家思想，分析它們與社會的關聯，總之是外在地把藝術
歸結為生活服務。但這個「服務」究竟是如何具體地實現的，其
實談得很少。現在，如果圍繞如何塑造人的心靈著眼，來分析、
考察審美經驗和藝術現象（藝術品、藝術家、藝術史、藝術創作、

藝術欣賞、藝術批評），把藝術與生活與政治的外在一般論斷，轉變為、了解為內在的過程，這就多了一個層次，使問題深入和細密了。這就也把藝術與生活的關係，反映和反作用的原理真正落實到審美心理的實處，它要求探索或回答審美過程中的許多複雜的具體問題。

不但提出問題具有時代性：人們已不滿足於外在地解說藝術與生活的關係，不滿足藝術是革命武器的規定，要求解說藝術如何訴諸人們的欣賞，人們為什麼需要藝術，也要求解說藝術為什麼在特定時期能成為革命的武器，什麼時候又不能；而且解決問題也具有時代性：現代心理學、藝術史方面的材料和論點，以及如接受美學強調作品與讀者的關係、心理分析學的無意識理論、格式塔心理學的感知理論、新批評派和結構主義對作品的客觀分析……，提供了許多可以改造、利用、吸取的有用材料，如果善於利用和吸取它們，大有利於我們去發展人類學本體論美學。

有一句老生常談，說藝術家是人類靈魂的工程師，其實這句話深刻地揭示了藝術擔負著塑造人的心靈以建設精神文明的艱巨任務。塑造心靈用中國的古話說，就是「陶冶性情」，也即是培育人性。我們如果把藝術放在塑造心靈、陶冶性情、培植人性的基礎上，充分利用現代各門科學的成果和材料，那麼不但使馬克思主義美學而且也會使整個美學的面貌煥然一新。

講藝術是塑造心靈、陶冶性情、培育人性，有沒有馬克思主義的理論根據呢？我認為是有的。這就是馬克思在 1844 年《手稿》中講的「自然的人化」思想。前面講到偉大的思想家早期有

些寶貴思想，後來不一定都得到充分發揮，馬克思關於「自然的
人化」思想就是如此。它留給我們這些處在新時代面臨新需要的
人去思考、去探索、去發揮。我已多次說過，「自然的人化」包括
兩個方面。一方面是外在自然的人化，即山河大地、日月星空的
人化。人類在外在自然的人化中創造了物質文明。另方面是內在
自然的人化，即人的感官、感知和情感、欲望的人化。動物也有
感知、欲望和情感，動物性的感知、欲望和情感變成人類的感知、
欲望和情感，這就是內在「自然的人化」。人類在內在自然的人化
中創造了精神文明，所以自然的人化是物質文明與精神文明雙向
進展的歷史成果。它雖然不是準確的一一對應，有時這方面進展
快點，那方面進展慢點；有時那方面進步多點，這方面進步少點。
但總的來看，是彼此相互對應，雙向進展的。外在自然的人化，
人類物質文明的實現，主要靠社會的勞動生產實踐；內在自然的
人化，人類精神文明的實現，就總體基礎說，仍然要靠社會的勞
動生產實踐，就個體成長說，主要靠教育、文化、修養和藝術。

隨著科技發展，可以有非常發達的物質文明。與此相適應，
就應該建設一個發達的精神文明，使我們的心靈變得更加豐富、
細緻、充實和複雜。這不僅是中國要解決的課題，也是世界要解
決的課題。有人說西方物質文明越發達，精神文明越貧困，這說
法未免太簡單化了。但是在西方的發達國家裡，確實也存在著精
神困惑和苦惱。本來，人們對物質的要求，比如手錶，有一只就
行了，並不需要帶三只錶，家裡有一兩臺彩電和電冰箱就足夠了，
吃、穿、用等物質需要都有一定限度，比較起來容易滿足。但精

神的追求卻不是這樣，它常常是無限的，不好解決，難以滿足。特別是在物質文明高度發達後，人們的物質生活比較好了，那什麼是生活目的和人生意義呢？人們感到空虛、寂寞、孤獨和無聊。再過一兩百年，也許能在世界範圍內基本和逐漸解決物質匱乏、吃飽穿暖的問題，於是人類往何處去？即人類命運問題，個體尋覓其存在意義問題，等等，不也就變得更為突出了麼？人被一個自己製造出來並生存於其中的龐大的機器包圍著、控制著，什麼是真正的自己呢？凡此種種，均足見隨著現代科技的高度發展，文化心理問題愈來愈變得重要，將日益成為未來世界要求思考的課題。哲學應該看得遠一點，除了繼續研究物質文明中的許多課題外，應該抓緊探究文化心理問題。把藝術和審美與陶冶性情、塑造文化、心理結構（亦即建立心理本體）聯繫起來，就可以為發展美學開拓一條新路。

　　從現代美學史來看，表現論早已衰落，自我表現的浪漫時代早已逝去；代之而興的符號論，也日益走近尾端。富柯 (M. Foucault) 對理性乃權力之獄籠的極力抨擊，德里達 (J. Derrida) 將語言融解於具體時空關係的解構 (deconstruction)，使這個被作為理性符號的語言所控制、支配的世界，由雙義、多義而無意義。那麼，從這語言的哲學形上解構中，從這個理性牢籠的解脫中，是否可以由隱喻、轉喻而指向一個「意在言外」或「言有盡而意無窮」的審美世界呢？以語言為最終實在的現代哲學正在崩毀過程中，一方面分析哲學使所謂哲學成為技術學和律師學，另方面解構主義將多義的不確定的語言徹底消解。是否能從這個崩毀的

哲學世界中走出來，提供一點正面的建設意見呢？是否可以從美
學來著手這種建構呢？這樣，是不是便可以與建設心理本體的人
類學本體論的要求相交會呢？

　　哲學研究人（人類及個體）的命運，或者更準確一點說，哲
學是對人的命運的關懷、思考和談論。從機械化的理性桎梏和語
言世界中逃脫，從一個破碎的解構廢墟上重新站起，不正是人類
學本體論或主體性實踐哲學（二者異名而同實）所要面臨、關懷、
思考和探究的現代人的命運嗎？

　　那麼，什麼是「人類學本體論哲學」或「主體性實踐哲學」
呢？這兩個名稱是我在《批判哲學的批判》一書（1979，1984）
中提出來的。

　　本書所講的「人類的」「人類學」「人類學本體論」，就完全不
是西方的哲學人類學之類的那種離開具體的歷史社會的或生物學
的涵義，恰恰相反，這裡強調的正是作為社會實踐的歷史總體的
人類發展的具體行程。它是超生物族類的社會存在。所謂「主體
性」，也是這個意思。人類主體既展現為物質現實的社會實踐活動
（物質生產活動是核心），這是主體性的客觀方面即工藝─社會結
構亦即社會存在方面，基礎的方面。同時主體性也包括社會意識
亦即文化心理結構的主觀方面。從而這裡講的主體性心理結構也
主要不是個體主觀的意識、情感、欲望等等，而恰恰首先是指作
為人類集體的歷史成果的精神文化、智力結構、倫理意識、審美
享受。[17]

　　所以，它不是談某種經驗的心理學，而是源自康德以來的人
的哲學：

　　康德的先驗論之所以比經驗論高明，也正在於康德是從作為
整體人類的成果（認識形式）出發，經驗論則是從作為個體心理
的感知、經驗（認識內容）出發。維特根斯坦以及現代哲學則更
多地從語言出發，語言確乎是區別於其他動物的人類整體性的事
物，從語言出發比從感知、經驗出發要高明得多。但問題在於，
語言是人類的最終實在、本體或事實嗎？現代西方哲學多半給以
肯定的回答，我的回答是否定的。人類的最終實在、本體、事實
是人類物質生產的社會實踐活動，在這基石上才生長起符號生產
（語言是這種符號生產中的主要部分）。當然，語言與社會實踐活
動的關係是異常複雜的，維特根斯坦也已明確指出，語言是由社
會生活和社會性的實踐活動所決定，並且是由社會性的語言決定
個體的感知，而不是相反。這一切都相當正確，現在的課題是如
何從發生學的角度來探討人類原始的語言─符號活動與社會實踐
活動（其中又主要是維持集體生存和繁殖的物質生產活動）的關
係和結構。從哲學上說，這也就是，不是從語言（分析哲學）、也
不是從感覺（心理學）而應從實踐（人類學）出發來研究人的認
識。語言學、心理學應建立在人類學（社會實踐的歷史總體）的
基礎上，這才是馬克思主義的能動的反映論，也就是實踐論。真

---

17 拙著《批判哲學的批判》，人民出版社，北京，1984 年，第 94 頁。

正的感性普遍性和語言普遍性只能建築在實踐的普遍性之上。[18]

　　所以，如果從美學角度來看，我以為並不是如時下許多人所套的公式，康德→黑格爾→馬克思，而應該是：康德→席勒→馬克思。貫串這條線索的是對感性的重視，不脫離感性的性能特徵的塑形、陶鑄和改造來談感性的統一。不脫離感性，也就是不脫離現實生活和歷史具體的個性。當然，在康德那裡，這個感性只是抽象的心理；在席勒，也只是抽象的人，但他提出了人與自然、感性與理性在感性基礎上相統一的問題，把審美教育看作由自然的人上升到自由的人的途徑，這仍然是唯心主義的烏托邦，因為席勒缺乏真正歷史的觀點。馬克思從勞動、實踐、社會生產出發，來談人的解放和自由的人，把教育建築在這樣一個歷史唯物主義的基礎之上。這才在根本上指出了解決問題的方向。所以馬克思主義的美學不把意識或藝術作為出發點，而從社會實踐和「自然的人化」這個哲學問題出發。[19]

　　教育學的任務之一就是要探究和建設人的心理本體，作為美學內容的美育，便是這樣。它們都隸屬於人類學本體論的哲學。

　　人類學本體論的哲學基本命題既是人的命運，於是，「人類如何可能」便成為第一課題。《批判哲學的批判》就是通過對康德哲學的評述來提出和初步論證這個課題的。它認為認識如何可能、

18 同上書，第 76 頁。

19 同上書，第 414 頁。

道德如何可能、審美如何可能，都來源和從屬於人類如何可能。人類以其使用、製造、更新工具的物質實踐構成了社會存在的本體（簡稱之曰工具本體），同時也形成超生物族類的人的認識（符號）、人的意志（倫理）、人的享受（審美），簡稱之曰心理本體。這「本體」的特點就在：理性融在感性中、社會融在個體中、歷史融在心理中，有時雖表現為某種無意識的感性狀態，卻仍然是千百萬年的人類歷史的成果；深層歷史學（即在表面歷史現象底下的多元因素結構體），如何積澱為深層心理學（人性的多元心理結構），就是探究這一本體的基本課題。如果說，自古典哲學解體之後，十九世紀曾經是歷史學派（馬克思、A. Comte、E. Durkheim 等），二十世紀是心理學派（佛洛伊德、文化心理學派等）占據人文學科的主流；那麼，二十一世紀也許應是這二者的某種形態的統一。尋找、發現由歷史所形成的人類文化─心理結構，如何從工具本體到心理本體，自覺地塑造能與異常發達了的外在物質文化相對應的人類內在的心理─精神文明，將教育學、美學推向前沿，這即是今日的哲學和美學的任務。

正如維特根斯坦所說，哲學不能失去問題。像黑格爾那種包容一切問題的體系和方法，將沒有意義。人生問題永恆存在，它無法失去；失去了，哲學也就不再有動力，而成為計算機之類的科學軟件。心理本體正是未曾失去問題並與人生之謎緊相糾纏的現代課題。

在現代哲學和現代思想中，除維特根斯坦提出語言本性的重大關鍵外，以馬克思、佛洛伊德所提示的問題最為重要。他們兩

個人實際上提出的是人的食、色兩大課題。生：人如何現實地活著，於是有社會存在——生產方式——階級鬥爭——共產主義理想諸題目；性：快樂原則與現實原則——生本能與死本能等等，海德格爾 (M. Heidegger) 則提出死：人如何自覺意識其當下的存在，來作為補充。它們從不同角度在不同種類和層次上都緊緊抓住了人的感性生存和生命存在。這生存和存在是非理性的，所以人永恆地不會等同於邏輯機器，這正是人文特徵所在。但人又正以理性去把握、理解和滲入這非理性的存在，包括佛洛伊德、海德格爾也十分強調社會性、理性的主宰，於是，社會性（理性、語言）與個體性（非理性、生存）始終是問題關鍵所在。語言是社會的，卻與人的生存方式相關；它是公共的交流手段，卻與個體經驗相糾纏。生、性、死是屬於個體的，卻又仍然從屬於社會；它們是自然生物性能，卻同時也是歷史的遺產。但人類的歷史遺產首先是工具本體，不同時代、社會的物質文明，歷史具體地提供和實現個體的不同的生（如生活方式）、性（如婚姻形態）、死（如戰死或壽終的不同意識）和語言（參考 Sapir-Whorf 理論）。但它們雖然是社會的理性的形式和數字，卻同時又是活生生的個體的獨特經驗和心理。所以以人類歷史的遺產也包括心理本體。工具本體通過社會意識鑄造和影響著心理本體，但心理本體的具體存在和實現，卻只有通過活生生的個人，因之這個「活生生的個人」對心理本體和工具本體不僅起著充實而且也起著突破的作用。如果再粗略分解一下，則「食色性也」，馬克思與佛洛伊德所涉及的根本問題，是個體又兼社會的；海德格爾的「死」，基本上是種

個體的自我意識自我醒覺；維特根斯坦基本涉及的是社會性，不承認有私人語言。看來，在馬克思和佛洛伊德所提供的人類生存的基礎上，融會維特根斯坦和海德格爾，似乎是當下哲學─美學可以進行探索其命運詩篇的方向之一。這詩篇與心理本體相關，心理本體又與個體─社會即小我─大我相關。

　　所以，《批判哲學的批判》曾提出「大我」（人類集體）與「小我」（個體自我）問題，認為「具有血肉之軀的個體的『我』歷史具體地制約於特定的社會條件和環境，包括這個個體的物質需要和自然欲求都有特定的社會的歷史的內容。看來是個體的具體的人的需要、情欲、存在恰好是抽象的、不存在的，而看來似乎是抽象的社會生產方式、生產關係卻恰好是具體的、歷史現實的、真實存在的。永恆不變的共性也許只是動物性，不同的生存、婚姻、美味、愛情都具體地制約和被決定於社會環境和歷史。康德、黑格爾早就指出，單獨的個體是動物性，客觀性、理性都來自群體社會。應該說作為動物，人的個體存在的價值、意義、獨特性、豐富性並不存在，所有這些恰恰是人類歷史的財富和產物。」[20]但另方面，《批判哲學的批判》更強調，「應該看到個體存在的巨大意義和價值將隨著時代的發展而愈益突出和重要，個體作為血肉之軀的存在，隨著社會物質文明的進展，在精神上將愈來愈突出地感到自己存在的獨特性和無可重複性。」[21]容 (C. G. Jung) 的

---

20 同上書，第 432～433 頁。

21 同上書，第 433～434 頁。

集體無意識原型涉及「大我」，固然重要，但佛洛伊德之所以仍然比容更有力量，卻正在他牢牢抓緊了作為個體具體生存的感性根本動力。

人類學本體論的哲學（主體性實踐哲學）在探討心理本體中，當然要對「生」、「性」、「死」與「語言」以充分的開放，這樣才能了解現代的人生之詩。在這前提下的哲學美學便也屬於人的現代存在的哲學。它關心的遠不止是藝術，而涉及了整個人類、個體心靈、自然環境，它不是藝術科學，而是人的哲學。由這個角度談美，主題便不是審美對象的精細描述，而將是美的本質的直觀把握。由這個角度去談美感，主題便不是審美經驗的科學剖解，而將是提出陶冶性情、塑造人性，建立新感性；由這個角度去談藝術，主題便不是語詞分析、批評原理或藝術歷史，而將是使藝術本體歸結為心理本體，藝術本體論變而為人性情感作為本體的生成擴展的哲學。

下面就來簡單看看這三個方面。

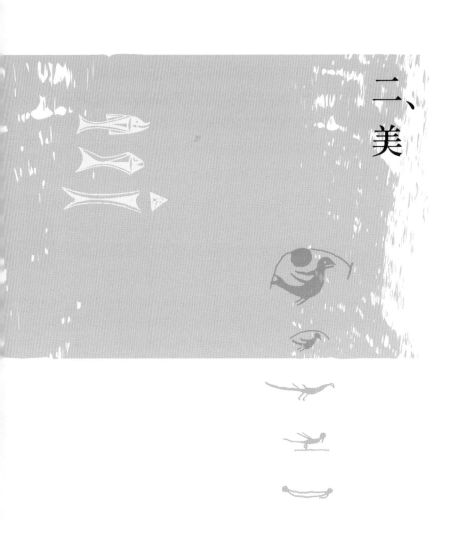

二、美

 美是什麼

要問美是什麼，首先得注意「美」這個詞的涵義是什麼。

關於美學和談美的文章和書籍已經太多了，可惜的是，卻從未見有專文或專著對「美」這個詞在日常漢語中使用的情況、次數、涵義的調查、分析和說明。

「美」這個詞首先可作詞（字）源學的詢究。中國漢代許慎的《說文解字》，宗旨就是「說其文，解其字也」，研究漢字結構，追溯造字根源及其本義。現代海德格爾、伽達默爾 (H. G. Gadamer) 等哲學家也極講究詞的來源。

從字源學看，根據《說文解字》：「羊大則美」，認為羊長得很肥大就「美」。這說明，美與感性存在，與滿足人的感性需要和享受（好吃）有直接關係。

另種看法是羊人為美。從原始藝術、圖騰舞蹈的材料看，人戴著羊頭跳舞才是「美」字的起源，「美」字與「舞」字與「巫」字最早是同一個字。這說明，「美」與原始的巫術禮儀活動有關，具有某種社會涵義在內。

如果把「羊大則美」和「羊人為美」統一起來，就可看出：一方面「美」是物質的感性存在，與人的感性需要、享受、感官直接相關；另方面「美」又有社會的意義和內容，與人的群體和

理性相連。而這兩種對「美」字來源的解釋有個共同趨向，即都說明美的存在離不開人的存在。

在古代，「美」和「善」是混在一起的，經常是一個意思。《論語》講「里仁為美」，又講子張問「何謂五美？」孔子回答說：「君子惠而不費，勞而不怨，欲而不貪，泰而不驕，威而不猛。」這裡的「美」講的都是「善」。據有人統計，《論語》中講「美」字十四次，其中十次是「善」、「好」的意思。在古希臘，美、善也是一個字。所以，似乎可以說，這些正是沿著「羊人為美」這一偏重社會性涵義下來的。但同時，「美」、「善」也在逐漸分化，《論語》裡就有「盡美矣，未盡善也」。

上面是從字源學來講，那麼「美」字在今天日常的語言中，到底又是什麼意思呢？它一般又用在什麼地方呢？在我看來，它至少也可分為三種，具有三種相聯繫而又有區別的涵義。

第一種，它是表示感官愉快的強形式。餓得要命，吃點東西，覺得很「美」。熱得要死，喝瓶冰鎮汽水，感到好痛快，脫口而出：「真美」。在老北京，大蘿蔔爽甜可口，名叫「心裡美」。「美」字在這裡是感覺愉快的強形式的表達，即用強烈形式表示出來的感官愉快。實際也可說就是「羊大則美」的沿襲和引申。

第二種，它是倫理判斷的弱形式。我們經常對某個人、某件事、某種行為讚賞時，也常用「美」這個字。把本來屬於倫理學範圍的高尚行為的仰慕、敬重、追求、學習，作為一種觀賞、讚嘆的對象時，常用「美」這個字以傳達情感態度和贊同立場。所以，它實際上是一種倫理判斷的弱形式，即把嚴重的倫理判斷採

取欣賞玩味的形式表現出來，這可說是上述「羊人為美」、美善不分的延續。

第三種，專指審美對象。

在日常生活中，「美」字更多是用來指使你產生審美愉快的事物、對象。我們到承德，參觀避暑山莊和外八廟，感到名不虛傳，果然「美」。看畫展，聽音樂，種種藝術欣賞，也常用「美」這個詞。這當然就屬於美學的範圍了。這就不是倫理道德的判斷，也不是感官愉快的判斷，而是審美判斷了。

但是，就在美學範圍內，「美」字的用法也很複雜，也包含有好幾層（種）涵義。對承德的園林、廟宇，我們用「美」這個詞，但是對磬錘山，我們就並不一定用「美」，而是用「奇特」這個詞來讚賞它。讀抒情詩、聽莫扎特，常用「美」來讚嘆，但是我們讀《阿Q正傳》、聽貝多芬，卻不一定用「美」這個詞。特別是欣賞現代西方藝術，例如看畢加索的畫，便很少會說「美」來表達。幾十年前，西方就有好些人主張取消「美」這個詞，用「表現」來替代它。此外，又如西方從希臘起用的「崇高」，便是與「美」並列的美學範疇，其中包含醜的因素。在中國，大概與傳統哲學思想有關係，習慣上卻都用「美」這個詞，例如陽剛之美、陰柔之美，壯美、優美等等，把「崇高」等等也都算作「美」了。其實「古道西風瘦馬」與「杏花春雨江南」，便是兩種根本不同的美；懸崖峭壁與一抹平川，也是不同的美。但由於中國傳統經常把一切能作為欣賞對象的事物都叫「美」，這就使「美」這個詞泛化了。它並不能完全等於英文的 "beauty"，而經常可以等同於一

切肯定性的審美對象。就是說，把凡是能夠使人得到審美愉快的欣賞對象就都叫「美」。

從「美」等同於具有肯定性價值的審美對象來看，美總是具有一定的感性形式，從而與人們一定的審美感受相聯繫。講到這裡，我想提及一下日本的今道友信教授的觀點。今道寫的《美的相位與藝術》是從哲學上討論美的，比較深入。他認為美與人的感受無關，主張從康德回到柏拉圖。這我是不同意的，我認為美必須具有感性形式，從而訴諸人的感性。是柏拉圖還是康德，這是一個很有意思的問題，當然也就涉及「美是什麼」的問題了。

那麼，美是什麼呢？

「美是什麼」如果是指「什麼是美」即「什麼東西是美的」，則是一個有關審美對象的問題，即什麼樣的具體對象（事物、風景、人體……）會被認為是美的？或者說，具備了什麼樣的一些條件（主觀的或／和客觀的），對象就會是美的，就會成為「審美對象」或「美學客體」（在英文是同一個詞，即 aesthetic object）。

許多美學家經常把美看成就是審美對象：一處風景、一件彩陶、一塊寶石、一幅名畫……，這些都是具體的審美對象。審美對象的出現是需要人在欣賞時的一定條件的。朱光潛講，「美是客觀方面某些事物，性質和形態適合主觀方面意識形態，可以交融在一起而成為一個完整形象的那種性質。」就是說人的主觀情感、意識與對象結合起來，達到主客觀在「意識形態」（應為「意識狀態」），即情感思想上的統一，才能產生美。霞光、彩虹、景山、故宮、維納斯、〈清明上河圖〉……，沒有人欣賞，就失去了美的

價值。西方近代美學家關於這方面講的更多。在這裡，他們一個共同特點，就是把美和審美對象看成一回事。而審美對象是由人們的審美感受、審美態度所創造出來的。

誠然，作為客體的審美對象和許多其他事物一樣，是依賴於主體的作用才成為對象。椅子不被人坐，就不成其為椅子。再好看的畫，若沒有人觀賞，也不成其為藝術。沒有審美態度，再美的藝術、風景也不能給你以審美愉快，不成其為審美對象。情緒煩躁、心境不佳，再好的作品似乎一點也不美。美作為審美對象，確乎離不開人的主觀的意識狀態。但是，問題在於，光有主體的這些意識條件，沒有對象所必須具有的客觀性質行不行？為什麼我們要坐在椅子上，不坐在一堆泥土上，因為泥土不具有椅子的可坐性。同樣，為什麼有的東西能成為審美對象，而有的就不能？我們欣賞自然美，為什麼要去桂林？為什麼都喜歡欣賞黃山的迎客松，畫家都搶著畫它？……這就是因為這些事物本身有某種客觀的審美性質或素質。可見，一個事物能不能成為審美對象，光有主觀條件或以主觀條件為決定因素（充分條件和必要條件）還不行，總需要對象上的某些東西，即審美性質（或素材）。即使藝術家可以在一般人看不到的美的地方發現美、創造美，甚至把現實醜變成藝術美，但是無論人的主觀條件起多大作用，總還要有這種客觀存在的某種的客觀根據或資料，而且其藝術作品又總和一定審美素材相聯繫，即最終還是不能脫離客體一定的審美性質。所以，如果說，「美」這個詞的第一種涵義是指「審美對象」；那麼它的第二種涵義就是指「審美性質」（或「審美素質」）。把

「美」主要作為審美對象來看待、論證，產生了各派主觀論（美感產生美、決定美）的美學理論，把「美」主要作為審美性質來看待、論證，則產生出各派客觀論的美學理論。首先是形式說，古希臘就講美的各種比例、和諧、變化統一和數學規律性；古代中國講究所謂五色、五色的協調和諧；荀子和《呂氏春秋》也講到音樂中的數學；文藝復興大講黃金分割……凡此等等，都在說明「美」具有一定的客觀性質和形式規律。這在美學上是很重要的，特別在造形藝術中。所謂「按照美的規律來造形」，也確乎包含有這一層涵義在內。

關於美的哲學理論，從古到今，種類多矣。但歸納起來，又仍可說是客觀論與主觀論兩大派。這兩大派其實也可說與上述對「美」這個詞彙的這兩種不同解釋有關。客觀論裡又可分為兩派，一派如上述認為美在物質對象的形式規律或自然屬性，如事物的某種比例、秩序、有機統一以及典型等等，一派認為美在對象體現著某種客觀的精神、理式、理念等等。如果戴頂哲學禮帽，前者可說是靜觀（機械）唯物論，後者則是客觀唯心論。主觀論裡也有許多派，但都不外是說美在於對象表現了人的主觀意識、意志、情感、快樂、願欲等等，美是由人的美感、感情、意識、直覺所創造。這在哲學上可說是主觀唯心論。當然，還有所謂主客觀統一論，但歸根到底主客觀統一論又仍可劃在上面兩大派之內。因為「主客觀統一」中的「主」，如果指的是人的意識、情感、意志、願欲等等，就仍可歸入主觀論。主觀論裡許多派別，也正是要求一個物質對象（客）來作為表現、體現、移入主觀情感、精

神的載體的。如果克羅齊的表現說算作徹底的主觀論，那麼立普斯 (Lipps) 等人的移情說就可算主客觀統一論，因為它也要求有一個物質對象作為感情移入的客體。就是崇奉克羅齊的鮑桑葵 (B. Bosanquet)，也強調必需有物質材料作為「直覺即表現」的工具。

本書認為，審美對象之所以能夠出現或存在，亦即某些事物之所以能成為美學客體，它們之所以能使人感受到美，確乎需要一定的主觀條件，包括具備一定的審美態度、人生經驗、文化教養等等，在這裡，審美對象（美學客體）與審美經驗經常難以分割。因此在下講「美感」中還要講到。

現在的問題是，上面已講過審美對象之所以能出現或存在，還要有客觀方面的條件和原因，即審美性質的存在或潛在。那麼，這些客觀方面的條件、因素、性質等等，又是如何可能成為審美性質或素質呢？

這也就是說，為什麼某些形式規律，為什麼一定的比例、對稱、和諧、秩序、多樣統一、黃金分割等等，就會具有審美性質呢？為什麼它們能普遍必然地給予人們以審美愉快呢？亦即這些形式成為美的規律是如何可能的？它們是如何來的呢？哲學的本性就是喜歡「打破沙鍋問到底」，但這「底」卻是一個相當棘手的問題，有的美學家對此根本不作回答，有的認為這是由於這種形式規律體現了自然界本身的某種「符合理性」的「內在本質」或過程，換句話說，它們體現了某種神祕的「天意」、「理性」等等。顯然，這不能說明問題。真正對此作出了某些解釋的，我以為要算格式塔心理學的「同構說」。

格式塔心理學派 (Gestalt Psychology) 從物理學和生理學出發，提出由於外在世界（物理）與內在世界（心理）的「力」在形式結構上有「同形同構」或者說「異質同構」關係，即它們之間有一種結構上的相互對應。由於事物的形式結構與人的生理—心理結構在大腦中引起相同的電脈衝，所以外在對象和內在情感合拍一致，主客協調，物我同一，從而，人在各種對稱、比例、均衡、節奏、韻律、秩序、和諧……中，產生相互映對符合的知覺感受，便產生美感愉快。這派學說我在好些文章中都講到，下面也常要提到，這裡不再多說。總之，格式塔心理學派用主客體的同構說來解釋審美性質的根源和來由，指出一定的形式結構，因為同構感應，引發人們特定的知覺情感，從而具有審美素質。應該說，這是有一定道理的。但其缺點是把人生物學化了，因為動物也可以有這種同構反應。牛聽音樂能多出奶，孔雀聽音樂能開屏，牠們也感到「愉快」。但人聽音樂感到愉快與牛聽音樂多出奶的「愉快」，畢竟有根本的不同。人能區別莫扎特與貝多芬，能區別中國民歌和意大利歌劇，從中分別得到不同的美感，而牛大概就不行。

為什麼不行？

這個問題相當複雜。真正科學地解決這個問題，需要心理學、語言學、文化人類學、發生認識論等各種學科的相互協作、長期研究才有可能。現在似乎只能從哲學上指出一點，即人的這種生物性的同構反應乃是人類生產勞動和其他生活實踐的歷史成果。人的審美感知的形成，就個體來說，有其生活經歷、教育薰陶、

文化傳統的原由。就人類來說，它是通由長期的生活實踐（首先是勞動生產的基本實踐），在外在的自然人化的同時，內在自然也日漸人化的歷史成果；亦即在雙向進展的自然人化中產生了美的形式和審美的形式感。只有把格式塔心理學的同構說建立在自然人化說即主體性實踐哲學（人類學本體論）的基礎上，使「同構對應」具有社會歷史的內容和性質，才能進一步解釋美和審美諸問題。人與對象在形式上的相互對應以及對象上的審美素質，並不能純從生理上來尋求解答。審美素質之成為美，某些形式成為「美的規律」，實另有其根源和來由。

總括上面所講，是認為，在美學範圍內，「美」這個詞也有好幾種或幾層涵義。第一層（種）涵義是審美對象，第二層（種）涵義是審美性質（素質），第三層（種）涵義則是美的本質、美的根源。所以要注意「美」這個詞是在哪層（種）涵義上使用的。你所謂的「美」到底是指對象的審美性質？還是指一個具體的審美對象？還是指美的本質和根源？從而，「美是什麼」如果是問什麼是美的事物、美的對象，那麼，這基本是審美對象的問題。如果是問哪些客觀性質、因素、條件構成了對象、事物的美，這是審美性質問題。但如果要問這些審美性質是為何來的，美從根源上是如何產生的，亦即美從根本上是如何可能的，這就是美的本質問題了。

可見，所謂「美的本質」是指從根本上、根源上，從其充分而必要的最後條件上來追究美。所以，美的本質並不就是審美性質，不能把它歸結為對稱、比例、節奏、韻律等等；美的本質也

不是審美對象，不能把它歸結為直覺、表現、移情、距離等等。

　　爭論美是主觀的還是客觀的，就是在也只能在第三個層次上進行，而並不是在第一層次和第二層次的意義上。因為所謂美是主觀的還是客觀的，並不是指一個具體的審美對象，也不是指一般的審美性質，而是指一種哲學探討，即研究「美」從根本上到底是如何來的？是心靈創造的？上帝給予的？生理發生的？還是別有來由？所以它研究的是美的根源、本質，而不是研究美的現象，不是研究某個審美對象為什麼會使你感到美或審美性質到底有哪些，等等。只有從美的根源，而不是從審美對象或審美性質來規定或探究美的本質，才是「美是什麼」作為哲學問題的真正提出。

　　從審美對象到美的本質，這裡有問題的不同層次，不能混為一談。其實，這個區別早在兩千多年前柏拉圖就已提出了。他說「美」不是漂亮的小姐，不是美的湯罐，也就是說美不是具體的審美對象和審美性質，而是美的理式，即「美本身」。黑格爾在《美學》中稱讚說：「柏拉圖是第一個對哲學研究提出更深刻的要求的人，他要求哲學對於現象（事物）應該認識的不是它們的特殊性，而是它們的普遍性」[1]。懷特海 (A. N. Whitehead) 說，一切哲學都只是柏拉圖哲學的注腳，都只是在不斷地回答柏拉圖提出的哲學問題。在一定意義上，也可以說，本書就是要用主體性實踐哲學（人類學本體論）來回答柏拉圖提出的美的哲學問題，

---

1 黑格爾：《美學》第 1 卷，商務印書館，北京，1979 年，第 27 頁。

研究美的普遍必然性的本質、根源所在。

下面這張表可看作上述內容概括：

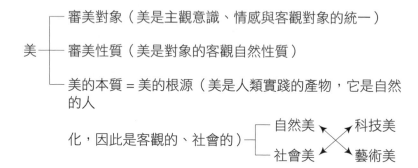

 美的本質

那麼，美的根源究竟何在呢？

這根源（或來由）就是我所主張的「自然的人化」。

在我看來，自然的人化說是馬克思主義實踐哲學在美學上（也不只是在美學上）的一種具體的表達或落實。就是說，美的本質、根源來自於實踐，因此才使得一些客觀事物的性能、形式具有審美性質，而最終成為審美對象。這就是主體論實踐哲學（人類學本體論）的美學觀。

那麼，這種美學觀是屬於主觀派、客觀派還是「主客觀統一」

派呢？

　　如前所說，所謂「主客觀統一」這概念並不很清楚，原因是所謂「主」指的是什麼？如果「主」指情感、意識、精神、心理，那麼這種「主客觀統一」論便仍然屬於主觀派，如立普斯和朱光潛。但是，如果「主客觀統一」中的「主」指的是人的實踐活動，那情況就大不相同，人的實踐是一種物質性的客觀現實活動，即是說，這裡的「主」實質上是一種人類整體作用於眾多客觀對象（如大自然）的物質性的客觀活動，從而，它與客觀世界的統一即這種「主客觀統一」便不屬於主觀論，而屬於客觀論，它是客觀論中的第三派，即一種現代意義的新的客觀論，亦即主體性實踐哲學的美的客觀論。它既是「主客觀統一」論，又是客觀論。我在 1962 年〈美學三題議〉中曾指出：

　　　　美只有在主觀實踐與客觀現實的交互作用的意義上，而不是在朱（光潛）先生那種主觀意識與客觀自然的相互作用上，才可說是一種主客觀的統一。但這種主客觀的統一，仍然是感性現實的物質存在，仍是社會的、客觀的，不依存於人們主觀意識、情趣的。它所以是社會的，是因為：如果沒有人類主體的社會實踐，光是由自然必然性所統治的客觀存在，這存在便與人類無干，不具有價值，不能有美。它所以是客觀的，是因為：如果沒有對現實規律的把握，光是盲目的主體實踐，那便永遠只能是一種「主觀的、應有的」的善，得不到實現或對象化，不能具有感性物質的存在，也不能有美。只有「實現了的善」，才「不僅設定在行動

著的主體中，而且也作為某種直接的現實而設定下來……設定為真實存在著的客觀性」（列寧：《哲學筆記》）。馬克思在《經濟學哲學手稿》中那段有關美的名言，曾為人們所再三引用，但這樣理解，才似比較準確。馬克思也正是在講了人類的本質特點——具有社會普遍性（即所謂「族類」普遍性）的生產活動之後，緊接著說：「……人類能夠依照任何物種的尺度來生產，並且能夠到處適用內在的尺度到對象上去，所以人類也依照美的規律來造形」。這個「所以」，正是說明這個統一，說明因為具有內在目的尺度的人類主體實踐能夠依照自然客觀規律來生產，於是，人類就能夠依照客觀世界本身的規律，來改造客觀世界，以滿足主觀的需要，這個改造了的世界的客觀現實存在的形式便是美，所以，是按照美的規律來造形。馬克思完全不是從審美、意識、情趣、藝術實踐而是從人類的基本實踐——人對自然的社會性的生產活動中來講美的規律，這就深刻地點明了美的客觀性的本質涵義所在……。[2]

　　這就是「自然的人化」的過程和成果。

　　1980 年，我重複強調了這一基本觀點：

　　關於美的本質，我還是 1962 年〈美學三題議〉中的看法，沒有大變化。仍然認為美的本質和人的本質不可分割。離開人很難

---

2 拙著《美學論集》，上海文藝出版社，1980 年，第 162～163 頁。

談什麼美。我仍然認為不能僅僅從精神、心理或僅僅從物的自然屬性來找美的根源，而要用馬克思主義的實踐觀點，從「自然的人化」中來探索美的本質或根源。如果用古典哲學的抽象語言來講，我認為美是真與善的統一，也就是合規律性和合目的性的統一。所謂社會美，一般是從形式裡能看到內容，顯出社會的目的性。在合目的性和合規律性的統一中，更多表現出一種實現了的目的性，功利內容直接或間接地顯現出來。其實也就是康德所講的依存美。但還有大量看不出什麼社會內容的形式美、自然美，也就是康德講的純粹美。這可說是在合規律性與合目的性的統一中，更多突出了掌握了的規律性。但無論哪一種美，都必須有感性自然形式。一個沒有形式（形象）的美那不是美。這種形式就正是人化的自然。這兩種美都應該用馬克思講的「自然的人化」來解釋。[3]

　　如果具體一點說，即可接著前述格式塔的同構說來談。前面講到，格式塔心理學的同構說認為，自然形式與人的身心結構發生同構反應，便產生審美感受，但是為什麼動物就不能呢？其根本原因就在人類有悠久的生產勞動的社會實踐活動作為中介。人類在漫長的幾十萬年的製造工具和使用工具的物質實踐中，勞動生產作為運用規律的主體活動，日漸成為普遍具有合規律的性能和形式，對各種自然秩序、形式規律，人類逐漸熟悉了、掌握了、

---

3 《美學》雜誌，1980年第3期，上海文藝出版社。

運用了,才使這些東西具有了審美性質。自然事物的性能(生長、運動、發展等)和形式(對稱、和諧、秩序等)是由於同人類這種物質生產中主體活動的合規律的性能、形式產生同構同形,而不只是生物生理上產生的同形同構,才進入美的領域的。因此,外在自然事物的性能和形式,既不是在人類產生之前就已經是美的存在,就具有審美性質;也不是由於主體感知到它,或把情感外射給它,才成為美;也不只是它們與人的生物生理存在有同構對應關係而成為美;而是由於它們跟人類的客觀物質性的社會實踐合規律的性能、形式同構對應才成為美。因而,美的根源出自人類主體以使用、製造工具的現實物質活動作為中介的動力系統。它首先存在於、出現在改造自然的生產實踐的過程之中。克利福德‧格爾茨 (C. Geertz) 曾強調指出,人性甚至包括人的某些生理性能,也是文化歷史的產物[4]。我們對從猿到人的研究,也說明從人手、人腦到人性生理—心理結構(包括如邏輯、數學觀念、因果律觀念等智力結構、意志力量等倫理結構和形式感受等審美結構)都源起於上述使用—製造工具的漫長的人類現實物質性的生產活動中[5]。從美學看,這個史前期的悠久行程,在主體方面萌發和形成審美心理結構的同時,在客體方面即成為美的根源。

拙著《批判哲學的批判》說:

---

4 參看 Clifford Geertz, *The Interpretation of Cultures*,ch. 1～2, New York, 1973.

5 參看拙著《我的哲學提綱‧試論人類起源》、《批判哲學的批判》。

通過漫長歷史的社會實踐，自然人化了，人的目的對象化了。自然為人類所控制、改造、征服和利用，成為順從人的自然，成為人的「非有機的軀體」，人成為掌握控制自然的主人。自然與人、真與善、感性與理性、規律與目的、必然與自由，在這裡才具有真正的矛盾統一。真與善、合規律性與合目的性在這裡才有了真正的滲透、交融與一致。理性才能積澱在感性中，內容才能積澱在形式中，自然的形式才能成為自由的形式，這也就是美。[6]

拙文〈美學三題議〉說：

自由的形式就是美的形式。就內容而言，美是現實以自由形式對實踐的肯定，就形式言，美是現實肯定實踐的自由形式。[7]

所以，美是自由的形式。

什麼是自由？黑格爾《精神現象學》說：

任性和偏見就是自己個人主觀意見和意向，是一種自由。但這種自由還停留在奴隸的處境上。對於這種意識，純粹形式不可能成為它的本質，特別是就這種純粹形式是被認作瀰漫於一切個體的普遍的陶冶事物的力量和絕對理念而言，不可能成為它的本質。

---

6 《批判哲學的批判》，第 415 頁。

7 《美學論集》，上海文藝出版社，1980 年，第 164 頁。

　　這就是說，自由不是任性。你想幹什麼就幹什麼，恰恰是奴
隸，是不自由的表現，是做了自己動物性的情緒、欲望，以及社
會性的偏見、習俗的奴隸。那麼，自由是什麼？從主體性實踐哲
學看，自由是由於對必然的支配，使人具有普遍形式（規律）的
力量。因此，主體面對任何個別對象，便是自由的。這裡所謂「形
式」，首先是種主動造形的力量。其次才是表現在對象外觀上的形
式規律或性能。所以所謂「自由的形式」，也首先指的是掌握或符
合客觀規律的物質現實性的活動過程和活動力量。美作為自由的
形式，首先是指這種合目的性（善）與合規律性（真）相統一的
實踐活動和過程本身。它首先是能實現目的的客觀物質性的現實
活動，然後是這種現實的成果、產品或痕記。所以它不是什麼「象
徵」。「象徵」(symbol) 主要是種精神性的、符號性的意識觀念的
標記或活動。從遠古的巫師到今日的詩人，都在不斷製造這種符
號、象徵，但它們並不就是美的本質或美的根源。可見，不但主
觀蠻幹、為所欲為，結果四面碰壁，不是自由；而且，自由如果
只是象徵、願望、想像，只是巫師的念咒、詩人的抒情，那便只
是鎖閉在心意內部的可憐的、虛幻的「自由」。真正的自由必須是
具有客觀有效性的偉大行動力量。這種力量之所以自由，正在於
它符合或掌握了客觀規律。只有這樣，它才是一種「造形」——
改造對象的普遍力量。孔子說，「從心所欲不逾矩」，莊子有庖丁
解牛的著名故事，藝術講究「無法而法，是為至法」，實際都在說
明無論在現實生活或藝術實踐中，這種在客觀行動上駕馭了普遍
客觀規律的主體實踐所達到的自由形式，才是美的創造或美的境

界。在這裡，人的主觀目的性和對象的客觀規律性完全交融在一起，有法表現為無法，目的表現為無目的（似乎只是合規律性，即目的表現為規律），客觀規律、形式從各個有限的具體事物中解放出來，表現為對主體的意味……，於是再也看不出目與規律、形式與內容、需要與感受的區別、對峙，形式成了有意味的形式，目的成了無目的的目的性，「上下與天地同流」，「大樂與天地同和」。要達到這一點，無論從人類說或從個體說，都需要經過一個漫長的實踐奮鬥的現實歷程。藝術家要達到「無法而法」，就得下長期的苦功夫，那更何況其他更根本的實踐？所以，自由（人的本質）與自由的形式（美的本質）並不是天賜的，也不是自然存在的，更不是某種主觀象徵，它是人類和個體通過長期實踐所自己建立起來的客觀力量和活動。就人類說，那是幾十萬年的積累；就個體說，那也不是一朝一夕的功夫。自由形式作為美的本質、根源，正是這種人類實踐的歷史成果。

總之，不是象徵、符號、語言，而是實實在在的物質生產活動，才能使人（人類和個體）能自由地活在世上。這才是真正的「在」(being)，才是一切「意義」(meaning) 的本根和家園。人首先也不是通過語言、符號、象徵來擁有世界，也不是首先因為有語言才對世界產生關係，世界不是首先在語言中向我們展開和呈現，能領悟的「在」也並不首先是語言。人類光靠語言沒法生存。世界是首先通過使用物質工具性的活動呈現和展開自己，人首先是通過這種現實物質性的活動和力量來擁有世界、理解世界、產生關係和建立自己。從這裡也許可以了解，為什麼美不能是自由

的象徵，而只能是自由的形式（自由的力量、自由的實在）。這就是我所強調並堅持的主體性實踐哲學的美學觀不同於其他哲學的美學觀之所在。

在一九五、六〇年代，我曾用過「人的本質對象化」的提法，但我發現這個提法引起了好些濫用，後來我就只講「自然的人化」和「自由的形式」，不再講「人的本質對象化」了。因為我講的「人的本質對象化」本是指上述物質性的現實實踐活動，主要是勞動生產，可是許多人卻由之而把人的意志、情感、思想都說成是「人的本質力量」。難道人的情感、思想、意志不是人的本質力量嗎？於是認為只要人們賦予對象以人的這種「本質力量」，就是「人的本質對象化」，就是美了。於是，這也就和朱光潛的說法沒有區別了：即人的主觀意識、願望、想像、情感、意志（「本質力量」）的對象化，來作為象徵、符號、藝術作品，亦即主（意識）客觀統一，就產生美。這當然不是我所能同意的。這並不是說人的主觀意志、情感、思想不重要，不起作用，而是說從哲學看，它們不能在美的**最終根源**和本質這個層次上起作用，只能在美的現象層即構成審美對象上起作用。因此，請注意，在美的探討中，雖然好些人都講實踐，都講「人的本質對象化」，都講「自然的人化」，其實大不相同。有的是指意識化，講的是精神活動、藝術實踐，有的是指物質化，講的是物質生產、勞動實踐。我講的「自然的人化」正是後一種，是人類製造和使用工具的勞動生產，即實實在在的改造客觀世界的物質活動；我認為這才是美的真正根源。因為用「自然的人化」、「自由的形式」比用「人的本質力量

對象化」更便於區別這種不同，所以我捨後者而用前者。前者的「人」更明確是指人類，而不是指個體、個人。不是個人的情感、意識、思想、意志等「本質力量」創造了美，而是人類總體的社會歷史實踐這種本質力量創造了美。這就是我的看法。

下面從社會美到自然美進一步說明這個看法。

 ## 社會美

古典哲學的語言常常被現代某些潮流視為囈語，但恰恰在它的某種程度的模糊含混中，有時比現代精確的科學語言更能表現出哲學的真理。在解構主義將語言的矛盾性格充分揭露之後，這一優越性似乎更為清楚了。所以，一面我提倡分析哲學，主張要澄清語詞、概念的混亂和含糊，以盡量科學化、形式化、現代化；另方面我卻又主張在某些領域中，保留這種含混性的古典語言以展示人生詩意，因為如前所說，哲學並不等於科學。關鍵在於：何種程度、何種比例、何種場所、何種論點和論證上，兩者（現代科學語言與古典哲學語言）相互補充和配置適當。但這又不是可以比例配方的理知技術，而恰恰是不可捉摸的藝術，這也正好表現了哲學美學的詩的品格。

下面，如前面一樣，仍將用這種「非科學」的語言對美的本

質，從社會和自然兩個角度，作些概括性的描述。

人類在改造客觀自然界的社會實踐中，要認識、掌握和運用自然規律。我曾把自然界本身的規律叫作「真」，把人類實踐主體的根本性質叫作「善」。當人們的主觀目的按照客觀規律去實踐得到預期效果的時刻，主體善的目的性與客觀事物真的規律性就交會融合了起來。真與善、合規律性和合目的性的這種統一，就是美的本質和根源。自然事物的形式、性能、規律都是特殊的、具體的、有局限的，人類社會實踐在長期活動中，由於與多種多樣的自然事物、規律、形式打交道，逐漸把它們抽取、概括、組織起來（均指實踐活動），成為能普遍適用、到處可用的性能、規律和形式，這時主體活動就具有了自由，成為合規律性與目的性即真與善的統一體。這個統一在這裡表現為主體活動的形式──善的形式，善本身好像就是一種形式，是能改造一切對象、到處適用的形式力量，於是這種實踐活動的美的實質，恰恰在於它的合規律性的內容，即真成了善的內容。這是就主體（實踐活動）說。從客觀對象說，善卻成了內容，自然事物的美的實質是它的合目的性（符合社會需要、實踐目的）的內容，即善成了真的內容。前者是社會美，後者是自然美。

這似乎太抽象了。先看社會美，在具體描述中，也許會清晰一些。美學一般很少談社會美，實際它非常重要，因為社會美正是美的本質的直接展現。有幾點可以注意：

第一，從動態過程到靜態成果。

上面已說明，合規律性（真）和合目的性（善）的統一，首

先是呈現在群體或個體的以生產勞動為核心的實踐活動的過程之中，然後才表現為靜態成果或產品痕記。即是說，社會美首先存在於、出現於、顯示於各種活生生的、艱難困苦的、百折不撓的人對自然的征服和改造，以及其他方面（如革命鬥爭）的社會生活過程之中。崇高、壯美、滑稽、悲劇便是這種矛盾統一的各種具體不同的形態。反映在藝術上，崇高、壯美便先於優美，對後者及其特性如柔弱、雅緻、輕巧、幼小、光滑……的欣賞，正是由於主體實踐力量強大並征服自然對象之後的成果[8]。亞里斯多德講悲劇就強調行為和情節。這也是上述社會美的特徵，即人們的鬥爭、衝突、毀滅諸現實生活過程在藝術理論上的反映。其次才呈現在成果或產品上，我們欣賞一片綠油油的莊稼，欣賞巍峨建築，欣賞長江大橋、高速飛機或火車，就並不只是種形式美的觀賞，而是能從其中感到社會目的性，感到社會勞動成果、社會巨大進程的內容，亦即進程的社會目的性成了對象合規律性（橋造得多麼巧妙呀！這飛機多有氣勢！）的形式，善成了真的形式。人們直接看到的是善，是社會合目的性。飛機、大橋、摩天大樓是為人服務的，但它之所以能建成，卻又是由於符合規律性（真）在起作用，所以說真（合規律性）成了內容。你從這裡感到了善的形式力量和真的豐富內容。「人力巧奪天工」，自覺或不自覺地讚賞這兩者的統一。

第二，歷史尺度。

---

8 參看拙著《美學論集・論崇高與滑稽》。

因為人類的社會實踐活動越來越廣闊、深入，使社會實踐的活動過程和產品成果不斷發展擴大，在不同的時代，形成不同的社會美的標準、尺度和面貌。農夫欣賞自己在後園裡種的蔬菜（朱光潛《文藝心理學》的著名例子），今天我們欣賞規模巨大的工程；在幹校勞動時，我們珍視地觀賞自己流汗耕耘出來的那一小片土地，今天我們讚嘆航天飛機遨遊太空。山貨店和一座小菜柵當時作為艱苦勞動的成果是美的，雖然今日未必然。蘇格拉底曾認為實用的糞筐比無用的金盾要更美，雖然這並不對，但在遠古可以是歷史事實。實踐在發展，社會美在提高、變遷和進步。社會美包括的範圍和對象極為廣闊，除了人們的鬥爭、生活過程、形態，個體人物的行為事業，以及各種物質成果、產品等等外，像歷史的廢墟、傳統的古跡等等也都屬此範圍。為什麼廢墟能成為美？為什麼人們願意去觀賞它？因為它記錄了實踐的艱辛歷史，凝凍了過去生活的印痕，使人能得到一種深沈的歷史感受。「當年鏖戰急，彈洞前村壁，裝點此關山，今朝更好看。」斷壁殘垣有什麼「好看」？因為它是過去戰鬥歷程的形式。青銅器為什麼不要擦光，它本是金光閃閃的，但它身上的斑斑綠苔記錄了歷史的沈埋，使它的社會美增添了更深沈的力量。社會美的歷史尺度是一個很深刻、值得細緻研究的問題。

第三，技術工藝和生活韻律。

我們國家現在雖然進入工藝社會，但從生產工具、生產組織、生活方式、行為模態，以至到人們的意識觀念（包括審美觀念），都仍長期停留在小生產農業社會的水平，帶有田園牧歌式的特點，

慢悠悠，懶洋洋，習慣於緩慢、悠長、平靜、安寧的生活節奏和韻律。工業發達的西方國家由於生產工具、科技工藝的高度發展，生活節奏、社會韻律便不一樣，似乎顯得「亂糟糟，鬧哄哄」；加上資本主義制度，一切商品化，人成為產品的奴隸，人和人的關係疏遠。因此，西方有些人反倒羨慕中國的田園牧歌。但往後看並非出路，馬克思、列寧都批評過小資產階級浪漫派。所以我們今天既要搞現代化，還要注意後現代，既要全力發展現代工業，又要注意盡量避免西方工業社會現代化帶來的人際關係疏遠、對大自然的污染、生態平衡的破壞等等。這就向美學提出了課題。我們怎樣把美和審美規律用到組織整個社會生產和生活中去？用到科學、技術、生產工藝中去？工藝技術中有許多美學問題，例如設計 (design)。現在所謂「工廠園林化」只是一個很小的方面，如何能使社會的生產（包括廠房、機器、效率、流程等等）更好地符合人的身心健康的節奏，如何使社會生活、工作效能能更協同合作，符合適度的規律，而避免西方工業社會所出現的某些社會病態和身心病態？如何使人的個性、潛能能得到全面發展、充分發揮，不再受奴役、壓抑、異化，使合目的性與合規律性得到和諧、交融、統一？總之，如何使社會生活從形式理性、工具理性 (Max Weber) 的極度演化中脫身出來，使世界不成為機器人主宰、支配的世界，如何在工具本體之上生長出情感本體、心理本體，保存價值理性、田園牧歌和人間情味，這就是我所講的「天人合一」。這個「天人合一」不僅有「自然的人化」，而且還有「人的自然化」。這恰好是儒道互補的中國美學精神[9]。所以，我說的

「天人合一」和一些人講的「天人合一」又不一樣。我講的「天人合一」，首先不是指使個人的心理，而首先是使整個社會、人類從而才使社會成員的個體身心與自然發展，處在和諧統一的現實狀況裡。這個「天人合一」首先不是靠個人的主觀意識，而是靠人類的物質實踐、靠科技工藝生產力的極大發展和對這個發展所作的調節、補救和糾正來達到。這種「天人合一」論也即是自然人化論（它包含自然的人化與人的自然化兩個方面），一個內容兩個名詞而已。

可見，所謂社會美，不單是指個人的行為、活動、事功、業績等等，而首先是指整個人類的生長前進的過程、動力和成果。

從而，由這個角度來看所謂「形式美」，就應該修正 1962 年拙文〈美學三題議〉把「形式美」劃歸自然美的觀點。形式美不是自然美，而主要應屬於社會美；或者說，它是自然美與社會美的真正交融。形式美及其一般規律或特徵，如對稱、均衡、比例、和諧、節奏、韻律……，儘管本身是自然界的規律及現象，卻又正是人類通過生產─生活實踐把它們從自然中抽離出來的。所以，從實質上說，它們是人類實踐力量所歷史地造成的抽離。

沃林格 (W. Worriger) 對「抽象」的研究很有價值。他指出，「抽象」的形式，如原始陶器紋飾、中世紀圖案、峨特教堂、現代藝術等等，與寫實性的形象移情之不同，在於「抽象」表現的是對生命和現實世界的隔離、否定，是為了消滅具體時空以求超

---

9 參看拙著《華夏美學》第 3 章，三聯書店，1988 年。

越有限，是對永恆的追求，是人與世界關係的緊張、收縮和內在化。沃林格認為，作為真正藝術的原始紋樣、裝飾，並不是模擬自然的動植物，也不是知性的象徵符號，而是直接與心靈對應的「抽離」。這種「抽離」在於掙脫現實世界及自然事物的變動不已和有死有生的生命，以得到寧靜、永恆、幸福的絕對、必然和法則。這就是「抽象」的形式美的根源。

　　本書之所以在這裡引述沃林格，是因為，第一，他深刻地指出了作為形式美的抽象並非對自然的模寫，而是一種「抽離」，這「抽離」是時代、社會、生活的特徵所決定、所使然。第二，我與他對「抽離」有恰好對立的看法，他把抽象形式看作是藝術精神所作的抽離，我卻歸結為物質實踐所作的抽離。他的理論用以解釋現代藝術（抽象藝術）似乎非常恰當（這篇世紀初的短短的博士論文竟成為長久成功的名著）；但用以解釋原始藝術，如陶器上的抽象紋飾等等，便未必可行，至少他沒解釋這種精神抽離在那個遙遠的時代是如何可能和如何實現的。

　　在我看來，原始陶器的抽象幾何紋飾，正是當時人們在精神上對農業生產所依賴的自然穩定秩序的反映，它實際表現的是一種穩定性、程序性、規範性的要求、實現和成果。這個所謂「封閉」、「永恆」、「寧靜」、「超越具體時空和現實世界」等等，恰恰意味著一個豕突狼奔的狩獵時代的徹底結束，一個穩定生存、安居樂業的農業社會的成熟、鞏固和提高。因此，這種「抽離」恰好表現了農業社會生產勞動與自然相協同的秩序性、規範性、節奏性和韻律性[10]。

　　可見，在我看來，「抽象」的出現，形式美的來由或根源僅僅從現代藝術品出發，歸結為某種觀念意識、精神特徵，如沃林格那樣，是本末倒置了。抽象和形式美的來由和根源仍然在遠古的人類勞動操作的生產實踐活動之中。在這種活動所主動造成的各種形式結構（工具和使用工具的活動的結構、人群協同組織的結構等等）和各種因果系列中，從而不同於動物，並在動物世界的生存競爭中居於優越地位。另方面，外在自然世界的雜多、變換、混亂、無秩序，通過這種活動，獲得了整理、澄清和安頓，使自然界的規律性和秩序性日益呈現出來，而且能成為人的意識（認識）對象。例如，節奏便是使生產、生活和不同對象，從其具體形態中抽離出來而均等化、同質化，從而建立秩序的基本形式。比例、均衡、對稱是人用以處理（實踐）從而理解（認識）客觀世界的基本規範。總之，各種形式結構，各樣比例、均衡、節奏、秩序，亦即形成規律和所謂形式美，首先是通過人的勞動操作和技術活動（使用─製造工具的活動）去把握、發現、展開和理解的。它並非精神、觀念的產物。它乃是人類歷史實踐所形成所建立的感性中的結構、感性中的理性。正因為此，它們才可能是「有意味的形式」。

---

10 至於原始幾何紋飾中或流暢或凝凍的不同形態，則反映著原始農業社會所經歷的不同階段或形態，其中不同的社會統治秩序，如有無嚴屬的等級秩序、壓迫殺戮等等，便造成各種具體的不同抽象。參看拙著《美的歷程》第 1～2 章。

人也正是通過這種種形式結構、規律的發現和把握,獲得了巨大的物質力量,於是人不再是自然生物界的簡單成員,而成了它的主宰。人在這形式結構和規律中,獲得了生存和延續,這就正是人在形式美中獲有安全感、家園感的真正根源。上述農業社會原始陶器的抽象紋飾美,充分表達了這一點。它們實際上也正是現代藝術的形式主義者所特別著重卻又無法正確解釋的普遍性的審美感受的真正根源。對形式的把握,形式美的出現,標誌著目的性與規律性相統一,是人類生存、發展史中(不僅是藝術史中)的最大事件。

也如前所述,形式美的出現,是以使用一製造工具從事生產的技術活動為根源、基礎。因之,這種形式的力量(亦即人類「造形」的力量),在高度發達的現代科技工藝中,便呈現得最為光輝燦爛、炫人心目了。形式美在這裡呈現為技術美,呈現為龐大的物質生產和產品中的美。如果以前這種美還只能有限度地呈現在某些建築藝術作品(古代最為巨大的物質產品)上的話,那麼現在卻已是隨處可見的人類的普遍性的造形力量了。

科技工藝已經構成當代社會的生存基礎,即是說,由現代科技工藝所構成的生產力,是今天人類作為本體存在的基礎。它成為人類學本體論即主體論實踐哲學所最關注的問題之一。

但迄今為止的美學卻極少涉及這問題,很少提及技術美。按照本書的哲學,技術美正是美的本質的直接披露。美之所以是自由的形式,不也正在於通過技術來消除目的性與規律性的對峙,以達到從心所欲,恢恢乎游刃有餘嗎?庖丁解牛是古代的個人故

事，現代科技工藝不正使整個人類將要處在或正在追求這種自由的王國嗎？

　　所以，我不讚賞現代浪漫派對科技工藝的感傷、否定的虛無主義，無論是海德格爾或馬爾庫塞 (H. Marcuse)，無論是章太炎或梁漱溟，把現代生活的苦難和罪惡，把人的各種異化，歸咎於科技工藝，是沒有道理的。實質上，現代科技不但帶來了群眾的高額消費，而且也帶來了群眾的審美時代，它消滅著千百年來審美上的貴族格局和階級特權，百萬富翁和窮小子基本上（當然不是全部）使用大體同樣的日常用品，進同樣的博物館、展覽廳，看同樣的電影，聽同樣的音樂磁帶……。當然，肯定現代科技工藝，並不能像本世紀早期的先鋒藝術那樣簡單浮淺，而是恰恰要注意到現代科技工藝和工具理性的泛濫化所帶來的人性喪失，人的非理性的個體生存價值的遺忘、失落和淪落，作為感性個體的人被吞食、被同化、被擱置在無處不在的科技理性的形式結構中而不再存在。從當年希特勒的法西斯殺人機器到今天大公司的職工大軍，從廣告消費的奴役到人際關係的安排，一切都同質化、秩序化、結構化、均衡化……，於是人不見了。人做了由自己所發現、掌握、擴大的形式力量和理性結構的奴隸。

　　那麼，如何克服這可怕的異化呢？徹底否定和摧毀科技工藝嗎？那只有回到動物狀態的原始時代去，二千多年前的莊子早就反對過任何機械，認為有機械必有「機心」。那些反現代科技的理論如果有徹底性，就應該像莊子那樣，主張人回到無知無識渾渾噩噩的動物世界裡去。但這並非人類的理想，倒退從來不會是出

路。於是，只有從「人的自然化」和尋找「工具本體」本身的詩意來向前行進了。這些恰恰是下面自然美要處理的課題。

（四）自然美

　　在「美學」一講中，便已說過好些美學理論把自然美排斥在美學領域以外，不但元批評學如此，而且像克乃夫‧貝爾 (Clive Bell)、盧卡契也如此，雖然他們恰好是從相反的角度否定自然美。貝爾從純形式出發，認為美是「有意味的形式」(Significant Form)，自然風景、山水花鳥，即使美如蝴蝶，也都不是「有意味的形式」，因此，並非真正審美意義上的美。盧卡契則從內容出發，強調模寫、反映、典型、現實主義，山水花鳥與此無干，於是也不在他的美學論述之內。元批評學集中於藝術語言等等，自然美當然毋需置論了。

　　從本書的哲學立場來看，不但自然美的存在是有關美的本質的重要問題，而且對自然美的觀賞，也是有關消除異化、建立心理本體的重要問題，因此正是哲學美學所應著重處理的。

　　就美的本質說，自然美是美學的難題。1956 年我在自己第一篇美學文章中特地把它提出來，有如〈美學三題議〉所說，「在自然美問題上，我覺得各派美學觀暴露得最為鮮明。因為在這裡，

美的客觀性與社會性似乎很難統一。……不是認為自然無美,美只是人類主觀意識加上去的(朱光潛),便是認為自然美在其本身的自然條件,與人類無關(蔡儀)。我當時主要是企圖說明這兩條路作為哲學都行不通,只有認為自然美的本質仍然來自客觀的社會生活、實踐,才是正確的道路。」[11] 即是說,如果認為自然美來自主觀的情感意識,那為什麼有的自然對象美而另一些則否呢?如果認為美就在自然本身的色彩、形體、姿態等等,那為什麼這些色彩、形體、姿態就會引起你的審美愉快即是美呢?這仍然是在本講開頭指出的「棘手問題」。對這個問題,我當年提出了「美的客觀性與社會性相統一」,亦即「自然的人化」說。

但「自然的人化」說卻一直遭到誤解和反對。它常常被人們從字面涵義上膚淺地了解為被人力開發了的自然對象,如開墾了的土地、種植的莊稼、被飼養的家畜等等。它們的確可以是美的對象。那麼,在此之外的廣大自然,美在何處和美從何來呢?

其實,「自然的人化」可分狹義和廣義兩種涵義[12]。通過勞動、技術去改造自然事物,這是狹義的自然人化。我所說的自然的人化,一般都是從廣義上說的,廣義的「自然的人化」是一個哲學概念。天空、大海、沙漠、荒山野林,沒有經人去改造,但也是「自然的人化」。因為「自然的人化」指的是人類征服自然的歷史尺度,指的是整個社會發展達到一定階段,人和自然的關係

11 《美學論集》,第 167～168 頁。
12 另一種借用的涵義尚不包括在內。

發生了根本改變。「自然的人化」不能僅僅從狹義上去理解，僅僅
看作是經過勞動改造了的對象。狹義的自然的人化即經過人改造
過的自然對象，如人所培植的花草等等，也確乎是美；但社會越
發展，人們便越要也越能欣賞暴風驟雨、沙漠、荒涼的風景等等
沒有改造的自然，越要也越能欣賞像昆明石林這樣似乎是雜亂無
章的奇特美景，這些東西對人有害或為敵的內容已消失，而愈以
其感性形式吸引著人們。人在欣賞這些表面上似乎與人抗爭的感
性自然形式中，得到一種高昂的美感愉快。所以，所謂「被掌握
了的規律性」，也是從廣義上講的。和諧、小巧、光滑、對稱是掌
握了的規律性。不和諧、巨大、雜亂在這裡也是作為一種掌握了
的規律性。藝術家就經常運用這種規律性。所以，應該站在一種
廣闊的歷史視野上理解「自然的人化」。此外，還有人經常把「自
然的人化」解釋為比擬性的，將自然對象賦予人的想像、情感、
意會，如把一塊頑石想像為阿詩瑪，把松、竹、梅比作人的清風
亮節，將自然對象作為人格的理想等等。這是康德講的「道德的
象徵」。這樣理解「自然的人化」只能是種借用，並不合馬克思的
原意。馬克思《1844 年經濟學哲學手稿》是從人的本質、從人類
整個發展（異化和人性復歸）中講「自然的人化」，提到「美的規
律」的。因此，「自然的人化」涉及的是人類實踐活動與自然的歷
史關係。儘管這種關係在未經改造過的大自然身上完全看不出來，
感知不到。按前述美是真善統一的觀點，如果說就社會美而言，
善是形式，真是內容的話；那麼自然美便恰恰相反，真是形式，
善是內容。內容一般是不易看到的。正如在社會美中，你看到的

常常只是人類的力量、事業、功勳、偉績；而在自然美中，你看到的常常便只是自然本身合規律性的形式、性能、結構等等。

社會美有歷史尺度問題，自然美亦然。那麼，這種人與自然關係的改變的歷史尺度，大體說來，又如何理解和計算呢？這個廣義的「自然的人化」大體從何時開始的呢？

首先要指出，狹義的「自然的人化」（即通過勞動、技術改造自然事物）是廣義的「自然的人化」的基礎（雖然不一定是直接的基礎），是使人與自然界發生關係改變的根本原因。原始人為什麼不能欣賞山水花鳥，就是因為當時狹義的自然人化水平實即生產力水平，使他跟自然的關係不存在那廣義的自然的人化。在狩獵的時代或狩獵的原始民族中，大概只有某些種類的動物成為人類活動和意識的對象，其他的自然世界不是與人無關（如山水花鳥），便是與人敵對（如雷電烈日）。農業社會之所以是人類歷史的最大進展，也正在於它使人類安居，並循天時（季候、晝夜）、地利（水土山河）而延續著鞏固著秩序化的生活，眾多自然事物和整個大自然逐漸成為人類生活活動的真正的客觀環境、條件、資源、工具，從而成為對象。這雖然還不是審美對象，卻是它們日後成為個人審美對象的前提、基礎和根源，即是說，它們（自然界和廣大自然對象、事物）開始獲有了美的本質，具有了審美性質。

可見，「自然的人化」作為哲學美學概念，只涉及美的本質，它指出美的本質的人類歷史性格，它是山水花鳥、自然景物成為人們的審美對象的最後根源和前提條件。即使今天，個人如果處

在暴風雷電或烈火猛焰或毒蛇惡獸的侵襲中，這些對象甚至包括花鳥山水不會成為個人審美對象；整個大自然之於人類，亦然。只有在狹義的自然人化到一定歷史階段，才開始出現廣義的自然人化。

可見，哲學美學所處理的自然美問題，只關係美的根源、本質。至於具體的自然景物，山水花鳥如何和何時成為人們的審美對象（美學客體），則屬於歷史具體地逐一研討的實證科學問題。其中，不同的社會生活、制度、觀念、信仰、文化傳統、意識形態等等都影響、制約甚至決定著自然風景以及各種具體的自然景物（如不同的花、鳥、樹木）是否和如何成為特定人們（一定的社會、時代、階級、集團）的審美對象或美學客體。例如，中國中世紀與歐洲中世紀對待山水自然，便頗有不同。自然景色、山水風貌是中國古代文人墨客最為心愛的欣賞對象、美學客體，但對於歐洲的僧侶、教士，卻大謬不然，它們可以被看作是魔鬼的化身或誘惑。

可見，在美的本質的大前提下，作為審美對象（美學客體）的山水花鳥、自然景物卻仍有其自身的不同變遷、發展的過程和歷史。它具體反射在文化、藝術的領域中。

以中國為例，便可看出，它經歷了不同的歷史階段。如果初步區劃一下，便至少可分出以下四個階段或時期。

最早是神祕恐懼的神話階段，從殷周銅器上的饕餮圖紋、《山海經》裡的眾多怪異，到《楚辭·招魂》裡的四方不可居留，以及包括后羿射日、女媧補天、精衛填海等等故事，展示的是一個

自然與人相敵對相抗爭的世界。

　　以後便是寄託幸福生活和長生幻想的世界。從秦代的求仙活動到漢賦裡對皇家園林的鋪構描繪，到漢畫像石裡的自然景物和勞動場面，也一直到謝靈運的山水詩篇，等等，它們主要是與現實社會生活直接聯繫著的自然，是生活或人力加工過（狹義自然人化）和幻想加工過的自然。陶潛的〈桃花源記〉是這兩者的並行不悖的交織。

　　再後便是本色的自然階段了。不再增添神話的或想像的內容，也不再作為生活的圖景和背景，也不再作為寓意或象徵，大自然的山水花鳥以其自身作為人們賞心悅目、寄興移情的對象。它們已從各種觀念束縛中解放出來，以其自身的色彩、形體、容貌、姿態來吸引人、感動人，成為人們抒發情感和充分感知的對象，它們表現為詩詞書畫各種情景和境界（「有我」、「無我」），等等。

　　最後便是現代。現代並不排斥上述三個階段，而且還要保存它們；但現代畢竟是人進入征服宇宙懷抱宇宙的歷史時期。所謂「自然的人化」是極大地擴展了。一種無垠遼闊的時空感受所帶來的哲理特徵，將標誌著一種新的自然美形態的出現。

　　如《批判哲學的批判》所認為，時空和因果這些最重要的人類的感性結構和知性範疇，都歷史地由社會實踐所產生、支配和發展，勞動的社會性所產生的公共的時空尺度和因果觀念（如農業社會的節候，工業社會的鐘錶；如農業社會的循環觀念和線性觀念，現代社會的反饋觀念和開放觀念等等），不但對前面講的技術美、形式美（形式結構和理性秩序）以作用和影響，而且也對

自然美以同樣的作用和影響。這作用和影響不止於對形式美和自然美的觀賞、把握，而且還包括對形式美與自然美的形成。儘管山還是山，水還是水，自然節律還是同樣的自然節律，卻由於人類社會的歷史進展，不但使它們作為審美對象已大不相同，而且也使這美本身有其特色所在。

從「自然的人化」的美的本質，到作為審美對象的五色繽紛的自然景象，是一個由工具本體到心理本體的進展過程。有許多搞繪畫造形藝術的朋友經常問我：究竟有沒有純粹的「形式美」？我的答覆是，可以說有，因為的確有為全人類共有的形式美，它是超時代、超階級的；但也可以說沒有，因為的確沒有脫離整個人類歷史的形式美，沒有人類社會，形式美是不存在的。這才符合我對美的本質的看法，即整個美，不但形式美，而且自然美都是人類歷史的產物。美的自然是自然人化的結果。但是它們作為審美對象（美學客體），卻只現實地與特定社會、時代、民族、階級、集團以及個體相關。也因為這樣，才有不同藝術家筆下的不同自然景色和形式美感，才有不同攝影家、不同畫家、不同作家、不同電影導演的不同自然風光，才有不同個性、不同心境、不同情緒所感受的不同的自然和形式。

前面提到「人的自然化」，所謂「人的自然化」實際正好是「自然的人化」的對應物，是整個歷史過程的兩個方面。「人的自然化」包涵三個層次或三種內容，一是人與自然環境、自然生態的關係，人與自然界的友好和睦，相互依存，不是去征服、破壞，而是把自然作為自己安居樂業、休養生息的美好環境，這是「人

的自然化」的第一層（種）意思。二是把自然景物和景象作為欣賞、歡娛的對象，人的栽花養草、遊山玩水、樂於景觀、投身於大自然中，似乎與它合為一體，這是第二層（種）涵義。三是人通過某種學習，如呼吸吐納，使身心節律與自然節律相吻合呼應，而達到與「天」（自然）合一的境界狀態，如氣功等等，這是「人的自然化」的第三層（種）涵義。包括人體特異功能對宇宙的「隱秩序」(D. Bohm) 的揭示會通，也屬於這一層（種）的「人的自然化」。很明顯，前節社會美通過形式美、技術美提出「天人合一」時，是強調通過人類生產勞動的實踐歷史，對自然規律的形式抽離，在合規律性與合目的性的統一交融中，更多的是規律性服從於目的性（有如建築中的功能主義）的話；那麼，這裡卻恰恰以目的從屬於規律的個體與自然的直接交往來補充和糾正。如果說，前面已提到要注意和防止理性形式結構的泛濫和主宰個體的感性存在；那麼，這裡就以個體感性直接與大自然的三個層次和種類的直接交往來補充和糾正之。前面的「自然的人化」是工具本體的成果，這裡的「人的自然化」是情感（心理）本體的建立。上述不同藝術家的不同自然，正是為了和服務於這個本體的建立。所以，本書認為，中國古代對上述三層涵義的「人的自然化」及它的「天人合一」觀念，對走向後現代的社會，可以有參考借鑒意義。

但，這還不夠，難道工具本體自身世界中不可以有詩情畫意嗎？工具本體的建立肇始之處，那生產活動和科技文明產生之處，那美的發源開始之處，難道不可以有這「天人合一」嗎？中世紀

的手工藝曾經具有溫情脈脈的人間情味，現代的科技美也絕不只是理性的工作。在技術美中有大量的想像力和可能性，有無意識，有用理性無法分析的自由度，從而，由古代建築到現代什物才有如此之多的品種、花樣和形態，在這似乎是枯燥的理性的創造性中不仍然有著大量的個體感性、個體的呈現和多樣嗎？技術比科學要豐富，科學似乎更單純和更單調，但就是科學，也有美的問題。

　　因為人們和科學家在探求自然的奧祕時，都面臨主觀目的的追求和客觀規律的呈現如何統一的問題，科學美就是這種統一的成果。科學世界和客觀世界到底是什麼關係？是否就是簡單的直接的對應、反映關係？看來不是。科學家在設想或解決問題時經常面臨極大的選擇量，如何選擇便有充分的主觀性，有很大的個體主觀因素和人間情味在起作用。彭加勒 (H. Poincare) 說，「發明就是選擇」，選擇不可避免地要受感情的影響以至支配，其中也包括科學上的美感。彭加勒把難以言喻的美作為科學理論的完滿標準。日本物理學家湯川秀樹說：「他（愛因斯坦）追求自然界中尚未發現的一種新的美和簡單性。抽象總是一種簡單化的手段，而在某些情況下，一種新的美則表現為簡單化的結果。愛因斯坦和少數理論物理學家才有的一種審美感，……而審美感似乎在抽象的符號中間給予物理學家以指導。」 數學家哈代 (G. H. Hardy) 說：「數學形態像畫家、詩人的形態一樣，必須是美的。……要定義數學美可能非常困難，不過這種美與其他任何種類的美一樣真實」 [13]。物理學家楊振寧說：「狄拉克在 1963 年的 *Scientific*

American 寫道：『使一個方程式具有美感比使它去符合實驗更重要』……今天，對許多物理學家來說，狄拉克的話包含有很大的真理。令人驚訝的是，有時候，如果遵循你的本能提供的通向美的問題而前進，你會獲得深刻的真理，即使這種真理與實驗是相矛盾的』[14]。合規律性與合目的性相統一，這個「通向美的問題」和直覺正是他們所發現或引導他們去發現科學的真理，愛因斯坦把這叫「自由的創造」，我把這種現象叫「以美啓真」。「以美啓真」何以可能？因為世界上的事物有許多相同的結構，它們相互對應、同形同構，有些是不能用語言表達出來的，只能用理知直觀，即通過科學美而感受到和發現它。所以海森堡 (W. Heisenberg) 說美是真理的光輝、自由的萬能形式。這種科學發現或創造直觀，與藝術家對藝術美的發現創造，有許多相通或相似之處。藝術美將留到最後一講中討論。實際上，美的這些種類或形態經常是相互滲透的。

其中，形式美的規律（秩序、單純、齊整、一致、均衡、比例……）便是貫串各種形態的基本因素。科學由形式美而可以滲入對宇宙終極結構的關注和沈思，如同在技術工藝裡對形式美的自由運用一樣，這裡便不僅是客觀合規律性，而且還包含人類的嚮往、追求和超越的主觀合目的性的要求。有人把它歸於神或指

---

13 轉引自米勒 (A. I. Miller)：〈意象、審美和科學思維〉，《自然辨證法通訊》，1988 年第 3 期。

14 楊振寧：〈美和理論物理學〉，《自然辨證法通訊》，1988 年第 1 期。

向宗教，其實它卻正是科技裡的人世詩情，是科學美。音樂和數學並不偶然地構成了藝術和科學的共同的靈魂，它們正是這種合規律性與合目的性相互擊撞而諧和的奏鳴曲。超越或感傷的人間意向和人間情味正是對宇宙的井然秩序的詩意補充。藝術固然少不了它，真正高級的科學也需要它。

　　所以，不必去詛咒科技世界和工具本體，而是要去恢復、採尋、發現和展開科技世界和工具本體中的詩情美意。如果說，手工藝術的世紀中曾經有過詩和美，古代直觀科技中有過詩和美，大工業生產的工具本體就沒有可能滲入情感（心理）本體的可能嗎？就不可能恢復工藝─社會結構中的生命力量和人生情味和意義嗎？

　　哲理和美在現代科學和理論科學家中分量的加重，說明有這可能。

　　事在人為。

三、美感

（一）美感是什麼

　　如同「美」一樣；「美感」這個詞也是詞意含混而多義，包含
著好些近似卻並不相同的各層涵義。下面這張表只是簡單地分析
一下這詞的各種意義，在第三節中再對這些意義作些說明。

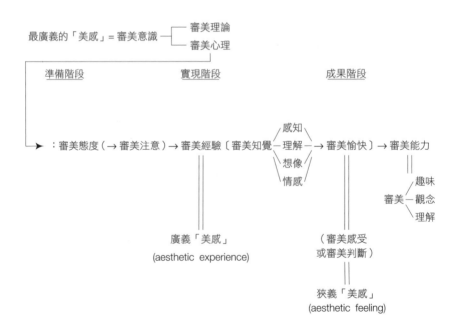

美感問題屬於心理科學範圍，是審美心理學所專門研究的課題。本書既從哲學角度來考慮美學，為什麼要談論美感和如何來談論它呢？

這是因為美感問題涉及本書提出的心理本體，特別是其中的情感本體。「美感」這講中主要談的就是「建立新感性」，亦即關係建立情感本體的哲學問題。

但在談論這問題之前，先得簡略看看審美心理研究的一般狀況和這狀況所表明的時代特徵。這特徵顯現出審美心理研究是從美的本質、根源到審美現象、審美對象的過渡的中介，這也正好是本書重視的由工具本體到心理（情感）本體的過渡。

本來，任何科學，從基本理論到具體應用，都有一系列中介。如果希望拿美的本質就能直接解釋這一切具體的美的現象，便是在方法論上忽略了這一點。美的本質是不是就等於審美對象（現象）？不等於！上節已講過了。

很多西方美學家把美看作就是審美對象，而審美對象是審美態度（心理）加在物質對象上的結果，因此美是美感所創造出來的，從而美感和美也就是一個東西。這樣解釋美的本質、根源是不對的，但解釋美感現象卻有一定的道理，醜的東西因為有審美態度（心理）的中介，也可以成為審美對象。並且同一對象，因為審美心理的原因，對不同的人或同一個人有時感到美，有時不感到美。我不同意機械的反映論，強調審美活動中的主觀意識的能動性。但這能動性卻又不是把審美對象與美的本質，把美感與美劃個等號，就能解決的。相反，我始終認為，從美的本質（哲

學問題）到現象（包括許多心理學問題）不是那麼直接、簡單，
相反，要特別注意在兩者過渡中的許多重要問題。

柏拉圖曾希望找出一個美的共同理式，把這個理式灌注到那
裡，那東西就是美的東西。看來，這樣一種美的共性追求似乎是
太簡單了。儘管萬事萬物的美確應有某種共同的根本或原始的基
質，即美的本質，但這種美的本質的哲學探討，畢竟只具有基礎、
前提和背景的意義。要把它貫徹到複雜眾多的具體的審美現象、
審美對象上，得經歷一系列的中介環節。如上講所說，即應該把
美從根本上是如何來的（美的本質、根源）與你為什麼會對某一
事物感到美，亦即某一事物為何會成為你（個體或某一具體社會、
時代的群體）的審美對象（美學客體）相區別開，乃正是問題的
不同層次。這有如用牛頓力學三定律解釋某一具體的物理現象，
將愛因斯坦的 $E = Mc^2$ 的著名公式用到原子彈的製造上，也必須
經由一系列的中介環節一樣。由美的本質、即共同的美的根源、
始基到各種具體的審美對象，即各種現實事物、自然風景、藝術
作品作為審美對象的存在，應該承認，確乎需經由審美態度即人
們主觀的審美心理這個中介。

對審美經驗、審美感受、審美態度，或總稱之為審美意識的
研究，自十九世紀費希納 (G. T. Fechner) 提出「自下而上的美學」
與「自上而下的美學」的區分 [1]，要求美學從哲學體系中解放出

---

1 G. T. Fechner：「當從最一般的觀念和概念出發，而降到特殊，這由上面
　來的美學，……而從單個事實上升到一般或普遍的原則，這是自下面來

來之日起，美學在審美心理學方面開拓了豐富的新領域、新方面。美學作為美的哲學日益讓位於作為審美經驗的心理學，美的哲學的本體論讓位於審美經驗的現象論，從哲學體系來推演美、規定美、作價值的公理規範讓位於從實際經驗來描述美感、分析美感、作實證的經驗考察。例如，在中國享有盛名的移情說、距離說，都是以某種美感經驗的特徵來確定審美規律，認為美或審美是某種無功利實用的心理距離、某種主觀情感的移入對象，都是以日常審美的心理經驗為依據或出發點。

當然，如果追溯歷史，柏拉圖的迷狂說，亞里斯多德的淨化說，十八世紀英國經驗派美學（如 Addison 等人）以及中國古典美學也都已經注意審美心理特徵問題。它們也可說是近代心理學美學的前驅。但由於整個生物學、生理學、心理學的不成熟，審美心理學的研究至今仍然處在非常幼稚的水平。馬克思說過，只有數學進入某種學科才標誌著這個學科的成熟。傳為馬克思寫的〈美學〉條目中曾說，「我們必須有一門以數學為基礎的更完善的心理學」。現在離這個目標還相當遙遠。審美心理學要能夠運用數學，如我提到的數學方程式（《批判哲學的批判》第 10 章），恐怕至少在五十年甚至百年以後。我經常願意提醒，美學還是一門遠

的美學。在前者，審美經驗的領域被納入從最高觀點來建造的一種理想的框架中；在後者，美學建立在審美材料的基礎上，前者講的是美的觀念、藝術、風格……，它們與真、善以及絕對的關係；後者則從快與不快的經驗出發，不斷歸納，以尋求審美的法則……」（轉引自 Friedrich Keinz：《美學講演錄》，英譯本，第 11 頁）。

不成熟的科學，我很同意上述百年前的〈美學〉條目中所說：「美學科學現在還處在幼年階段。……我們還不知道，在建築、雕塑和繪畫中，『美的線條』究竟是什麼？也不知道這種美的線條憑哪些契合因素在我們的心靈中引起同情共鳴。我們也還不知道，某一旋律的魅力在哪裡，它怎麼會在我們的靈魂中喚起這樣的感情。我們也不知道，是什麼東西使詩的每一節奏、詞藻、形象和語言的聲音具有迷人的力量。」但是，我也同樣深信，如上述條目所說「趣味的法則雖然顯得不如邏輯學和倫理學那樣確定，它無疑是在人類的天性中具有相同的基礎，並且同樣可以歸納成科學的體系」。審美心理學就正是要科學地實證地研究這種種問題，研究所謂「人類天性」實即文化─心理結構的審美法則問題，儘管它現在還處在如此初步的階段，其前途卻是遠大的。審美心理學，將從真正實證科學的途徑來具體揭示我們今天只能從哲學角度提出的文化─心理結構、心理本體、情感本體的問題。我相信，遲早這一天將會到來，也許在下個世紀，也許在下下個世紀。

從這種標準和觀點來看，曾經極享盛名的所謂距離說、移情說，嚴格說來，就並不能算什麼科學的審美心理學的理論。它們並不是真正從心理學出發的研究成果，而只是對審美心理的一種現象性的素樸描述或設定。這類概念也不是科學的概念，這也有如托馬士‧門羅所早說過：

所有這三個觀念──移情、遊戲與心理距離，曾顯著地決定我們對藝術的解釋，但其中沒有一個是被現在的心理學家所真正

注意的，至少在這個國家（指美國）和這種語言（指英語）內是如此，……它們已不在今日特別是在美國、英國和意大利很有活力的三種研究主派之中，這三種研究可名之為心理分析的，格式塔的和實驗的。[2]

　　實驗美學是用一些顏色、形狀、線段、音響給一些人看、聽，測驗反應效果：哪種看起來愉快，不愉快等等，從中歸納出一些法則，例如橢圓形比圓形更受人歡迎，黃金分割的線段最為人喜愛……，如此等等。這方面積累了各種各樣的實驗材料。但它們到底有多少真正的科學性，在確定審美心理規律方面能占多大比重，是大可懷疑的。事實上，極為複雜的審美經驗完全不可能還原為、歸結為、等同於這種簡單的形體線狀的情感反應。同一顏色、同一形體、同一線條在不同的具體境狀、構圖、對象、序列中，便有極為不同的或完全相反的效果、反應、意義。實驗美學的弱點和非科學性是一目了然的，所以現在已很少有人相信這種研究能探索到美感規律了。有人說，「坦率地說，我不相信通過這種實驗和測量，我們關於藝術已經了解許多……，我也不相信按照這個方向我們會了解許多」[3]。因為「任何一個簡單知覺本身的效果大不同於它處在更大形式中的效果。兩個並排的小塊顏色

---

2 Morris Philipson, ed., *Aesthetics Today*, p. 280, Cleverland and New York, 1961.

3 同上書，p. 290。

的效果或者一個簡單的和音過程的效果，並不是它們在藝術作品的效果的可信的標記……」⁴。

比較起來，格式塔心理學和佛洛伊德心理學的美學理論要更為重要。前者如魯道夫・阿海姆 (Rudolf Arnheim) 在《藝術與視知覺》一書中指出，事物的運動或形體結構本身與人的心理－生理結構有某種同構對應效應，因此它們本身就是表現。對象之所以顯得是人的情感的「移入」，其實就是由這個緣故。微風中的柳樹並不是因為人們想像它類似悲哀才顯得悲哀，相反，而是由它搖擺不定的形體本身，傳達了一種在結構上與人的悲哀情感相似的表現，人才會立刻感知它是悲哀的。所以，事物形體結構和運動本身就包含著情感的表現。任何線條也都可以是某種表現，各種升降、弱強、鬥爭、安息、和諧、雜亂……，普遍地存在在宇宙中，它們都可以成為知覺的表現對象。藝術就要善於通過物質材料造成這種結構完形，來喚起觀賞者身心結構上的類似反應，而並不在於只以題材內容使觀眾了解其意義而已。外行只看題目，內行卻由形體結構本身直接了解到作品的意義，喚起身心的同樣感受。由此可見，藝術作為表現，並不在於題材。抽象繪畫沒有主題，仍然不失為表現。塞尚和畢加索在同樣題材的靜物畫中，因線條結構的不同，作了或安詳或騷亂等不同表現，從而具有不同的審美特性。物質對象的形式結構與主體心理－情感結構的對應，是一個很重要的問題，上講已談論過，它與我講的文化－心

---

4 Thomas Munro, *Toward Science in Aesthetics*, p. 50.

理結構有關。

　　佛洛伊德心理學則強調童年性愛，大家已比較熟悉了。我認為，也值得重視的是容 (Jung) 的「無意識集體原型」論。容認為，人的大腦在歷史中不斷進化，長遠的社會（主要是種族）經驗在人腦結構中留下生理的痕跡，形成了各種無意識的原型，它們不斷遺傳下來，成為生而具有的「集體無意識」，它們是超個人的。藝術家就像煉金術士一樣，要將人們頭腦中這種隱藏著然而強有力的原型喚醒，使人們感受到這種種族的原始經驗。人在這種藝術作品面前，不需要靠個人的經驗、聯想就會本能地獲得這些原型的深刻感受。容強調的是藝術—審美的超個人的無意識集體性質，這與我講的「積澱」有關。

　　總起來看，如果說格式塔心理學注意了審美中感知因素的特徵和複雜性，那麼心理分析則挖掘了審美中情欲因素的特徵和複雜性。但是，它們是否囊括或全面地描述了審美經驗呢？沒有。心理分析並未提供任何審美的標準或解釋，它或者可以解釋一首詩、一幅畫、一個作家、一種意象表達了某種隱祕的深層情欲，暗含著某種無意識，但它「卻不能給好壞藝術劃出一條界線。對偉大作品是重要和有意義的特徵，我們也完全可以在某些十分無能的畫家、詩人的拙劣作品中發現」[5]。格式塔則主要限於知覺經驗的動力分析，許多更為複雜的文藝現象，並沒能深入涉及到。可見，審美心理至今仍然是很大一片有待開墾的科學處女地。

---

5 S. Langer, *New Key Philosophy*, p. 117.

但本書的性質是哲學的，下面只從哲學角度來簡略講述審美心理即美感的某些要點和特徵。

 建立新感性

從主體性實踐哲學或人類學本體論來看美感，這是一個「建立新感性」的問題，所謂「建立新感性」也就是建立起人類心理本體，又特別是其中的情感本體。

尼采 (Nietzsche) 曾以為，如果從接受者即欣賞者的角度來研究藝術和美學，只是女人美學[6]。尼采強調要從創造者的角度來研究美學，即從強力意志來研究藝術的創造。

本書不同意這一觀點。其實，為尼采所批判的康德美學，早就提過天才與趣味的區別。康德認為，創作需天才，否則將是平庸之作。但比較起來，趣味仍然更為重要。

為什麼？康德沒有說。其實，這裡涉及的，正是人類心理本體的建設問題。

人從動物界脫身出來，形成了人性心理。這人性心理是通過社會群體的各種物質的和精神的活動而實現的。其中，如我所一

---

6 參看尼采：《強力意志》。

直強調，原始人的物質生產活動和巫術禮儀活動，是人性形成的最為重要的基礎。人性心理在這基礎上，通過世代的文化承襲而不斷豐富、鞏固、變異和發展，並隨著人際關係的擴展而獲有越來越突出的人類普遍性和共同性。所以，人性心理並非先驗的產物，也非某個聖賢先知的個體創作。

人從動物界走出來，是依靠社會群體。但群體又由各個個體組成。個體並不完全屈從於、決定於群體，特別是群體社會愈發展，個體的作用、地位和獨創性便愈突出和重要。個體的這種主動和獨創可以是對群體的既成事實和心理積澱的挑戰、變革和突破，而當這種挑戰、變革和突破逐漸為群體所接受或普遍化時，它便恰好構成了群體心理的事實和革新。群體與個體便這樣處在辯證關係中，儘管這是理想化了的簡單公式，現實和歷史要複雜萬倍。

我所說的「新感性」就是指這種由人類自己歷史地建構起來的心理本體。它仍然是動物生理的感性，但已區別於動物心理，它是人類將自己的血肉、自然即生理的感性存在加以「人化」的結果。這也就是我所謂的「內在的自然的人化」。

如前講已提出，自然的人化包括兩個方面，一個方面是外在自然，即山河大地的「人化」，是指人類通過勞動直接或間接地改造自然的整個歷史成果，主要指自然與人在客觀關係上發生了改變。另方面是內在自然的人化，是指人本身的情感、需要、感知、願欲以至器官的人化，使生理性的內在自然變成人。這也就是人性的塑造。一個小孩如果不經過教育，不經過社會環境的塑造，

就不能成長為人。如果小孩生下來被狼叼去，狼孩過一段時間後，再也學不會語言，他（她）爬行，咬東西，也無所謂人性。因而我認為人性不是天生就有的。兩個「自然的人化」都是人類社會整體歷史的成果。從美學講，前者（外在自然的人化）使客體世界成為美的現實。後者（內在自然的人化）使主體心理獲有審美情感。前者就是美的本質，後者就是美感的本質，它們都通過整個社會實踐歷史來達到。

　　現在人們喜歡講人性、共同美。我這裡講的共同人性，重複一下，是認為它並非天賜，也不是生來就有，而是人類歷史的積澱成果。所以它不是動物性，也不只具有社會（時代、民族、階級）性，它是人類集體的某種深層結構，保存在、積澱在有血肉之軀的人類個體之中。它與生物生理基礎相關（所以個體的審美愛好可以與他先天的氣質、類型有關），卻是在動物性生理基礎之上成長起來的社會性的東西。它是社會性的東西，卻又表現為個體的。我在 1956 年提出的「美感二重性」（社會功利性與個人直覺性），也正是指的這種積澱了的審美心理結構。所謂「積澱」，正是指人類經過漫長的歷史進程，才產生了人性——即人類獨有的文化—心理結構，亦即從哲學講的「心理本體」，即「人類（歷史總體）的積澱為個體的，理性的積澱為感性的，社會的積澱為自然的，原來是動物性的感官人化了，自然的心理結構和素質化成為人類性的東西。」[7] 這個人性建構是積澱的產物，也是內在

7　參閱拙著《批判哲學的批判》、《我的哲學提綱》。

自然的人化，也是文化—心理結構，也是心理本體，有諸異名而同實。它又可分為三大領域：一是認識領域，即人的邏輯能力、思維模式；一是倫理領域，即人的道德品質、意志能力；一是情感領域，即人的美感趣味、審美能力。可見，審美不過是這個人性總結構中有關人性情感的某種子結構。

　　如同人類創造了日益發達的外在物質文明的世界一樣，人類的這個文化—心理結構或心理本體也在不斷前進、發展、創造和豐富，它們日益細緻、豐富、敏銳和複雜，人類的內在文明由之而愈益成長。從兒童可以看出，任何種類的人類動作的形式結構（例如使用工具的動作）的獲得，都絕不是一件容易的事。成人看得極為簡單的幾乎是本能性的動作（例如結繩、使用筷子），對兒童來說都要經歷一個從學習到熟練的艱難過程。審美心理結構的獲得，當更是如此。就人類說，它經歷了漫長歷史過程；就個人說，它必須有一個教育過程。而無論就人類發展或個體教育說，審美心理結構最初都是從活動中獲得而後才逐漸轉化、變形為靜觀的。就人類說，原始人的圖騰歌舞是審美心理的最早的建構狀態；就個人說，兒童的美育也應該從幼兒的遊戲性勞作、歌舞動作活動開始，而後才進入對美術、音樂等等靜觀欣賞。總之，由活動到觀照，這既是外在自然人化的行程（上講已談），也是內在自然人化的行程，包括審美心理結構的歷史產生過程（智力結構的形成可參考 Piajet 的著作）。它們本是同一人類史程的內外兩個不同方面，它們同時進行，雙向發展。

　　既然是歷史的產物和成果，審美心理結構就不是一成不變的，

而是隨時代、社會的發展變遷在不斷變動著。所以，這個共同人性和審美心理結構在具體歷史條件下，總常有特定的歷史的痕印——即具體的社會、民族、時代、階級的特色。例如中國民族傳統的審美心理結構，表現在藝術作品上，線重於色，想像重於感知，喜歡意在言外，強調情理和諧，帶著長時期農業社會和儒道思想的痕跡。但民族性畢竟又是隨著時代性而變化的，物質生活世界的變化迫使著精神、心靈及其結構相適應，從而心理諸因素的配置組合也必將變化。例如隨著技術工藝和自然科學發達所帶來的生活變遷，便使藝術中哲學意識、抽象理解和下意識的成分、因素都分外加重了。總之，隨著歷史的前進，隨著整個人類心理結構的變化發展，人們在審美活動中的主觀能動性愈益增大，每個人作為藝術家的習慣和能力在增強，審美的範圍在擴大，藝術欣賞中的再創造程度不斷提高，非美以至醜的對象日益容易變為審美對象，這既是反映現實世界中美的領域的擴大，也是表現心靈世界中審美能力的提高。它們標誌著兩個「自然的人化」的不斷進展。

內在自然的人化，是我關於美感的總觀點，它又可分為兩個方面。

第一，感官的人化。馬克思在《手稿》中說，人的五官是世界歷史的成果。這即是說它們是由社會實踐所造成的。如上講談美的本質所說，人類的實踐活動不同於任何一種動物生活活動的根本分界之所在，就是人在勞動生產中能使用和製造工具。當原始人製造工具時，就必須注意它們的功能和形態，並把它們聯結

起來，如能穿刺的尖形、能滾動的圓形等等，在對事物的功能、形態的把握中，透過形式看到它的價值意義，這就使人的感官更加複雜。例如，它不僅是比較被動的觸覺，而是更為主動的動覺。

　　人的生產活動的面要比動物「生產」活動寬廣複雜得多。人的活動不是單一的。從單一看，人有很多方面不如動物（沒有動物的敏眼、銳牙、利爪、長腿、雙翼、巨體、強力），人的本能的力量、能力要比好些動物差得多，但由於人是使用、製造工具的動物，在勞動生產中用工具改造自然界，涉及和揭示自然界的各種聯繫和矛盾，就要比動物寬闊得多，豐富得多。現實物質世界的各種各樣結構、規律和形式日益深入和廣泛地被揭示了出來，並首先保留、鞏固、積累在這種勞動實踐之中，這當然便直接作用於感覺、知覺、感受和情感等等人的感性存在和五官感覺，而與動物區別開來。人的眼睛不同於鷹的眼睛，鷹的眼睛比人的眼睛看得遠，牠在高空中飛翔，對地面上的細小東西看得也很清晰，從生物本能這方面比，人的眼睛大不如。而且，就人類自身說，現代人的眼睛也不同於原始野蠻人的眼睛，原始人在攫取動物時眼睛很鋒利，這也是現代人所達不到的，這好像是一種生理性的退化。但另一方面，卻又有極大的進步，鷹和野蠻人不能觀賞高級的造形藝術。人類聽音樂的耳朵，欣賞繪畫的眼睛，拉小提琴的手，都是隨著人類歷史的發展而出現的，這種進化便不只是生物性、生理性的了。達芬奇的〈蒙娜麗莎〉，便不是野蠻人所能欣賞的。她的外貌所表現的內在的東西，非常豐富而微妙，不具有一定水平的「感受形式美的眼睛」是很難欣賞的。這也就是自然

感官的人化。

感官人化的特點，從哲學上講，就是馬克思講的感性的功利性的消失，或者說感性的非功利性的呈現，我認為這是馬克思在《1844年經濟學哲學手稿》中的一個很深刻的思想，他十分強調人的感覺和需要與動物不同。動物的感官完全是功利性的，只是為了自己生理性的生存。人的感官雖然是個體的，受生理欲望支配，但經過長期的「人化」，逐漸失去了非常狹窄的維持生理生存的功利性質，再也不僅僅是為了個體的生理生存的器官，而成為一種社會性的東西，這也就是感性的社會性。理性的社會性比較好理解，因為理性是指邏輯思維、倫理道德，總是和社會性相連。感性的社會性就比較難理解，因為感性總是具體地和個體的直接生存、欲望、利害相連，社會性似乎很不明顯。美學要解決的恰恰是感性的社會性。馬克思恰恰講的是感性的社會性，感性的社會性是超脫了動物性生存的功利的。動物為了生存的需要，必須不停地覓食，不填飽肚子就無法生存。牠們的感知器官完全是為了生存（當然還有生殖）而活動而存在。人恰恰與動物在這方面區別開來。人的感性不只是為了生存、生殖的功利而存在。正因為此，眼睛才變成「人」的眼睛，耳朵才變成「人」的耳朵。馬克思說：「因此，〔對物的〕需要和享受失去了自己的利己主義性質，而自然界失去了自己的赤裸裸的有用性，因為效用成了屬人的效用。」就是說，它們不再只是屬於自然的、直接的、消費的關係，不再只是與個體的直接的功利、生存相關。對於一個飢餓的人，並不存在食物的「人」的形態。他跟動物吃食沒有什麼區

別，這是有很深刻的道理的。中國人吃飯，筷子上常刻有「人生一樂」幾個字，把吃飯當成是人的快樂與享受，不是純功利性的填飽肚子。總之，是說人的感性失去其非常狹窄的維持生存的功利性質，而成為一種社會的東西。這也是美感的特點。它具有個體感性的直接性（亦即所謂直觀、直覺、不經過理智的特點），但又不僅僅是為了個人的生存，它具有社會性、理性。所以，審美既是個體的（非社會的）、感性的（非理性的）、沒有欲望功利的，但它又是社會的、理性的、具有欲望功利的。也就是說審美既是感性的，又是超感性的。為什麼味覺、嗅覺、觸覺不能成為主要的審美感官，因為它們與個體需要和享受直接關聯得太緊密，帶有直接功利性質，動物性的因素仍然很強。為什麼視覺和聽覺能成為主要的審美感官（包括在文學領域，也是與視覺、聽覺相關的想像、表象最為發達），就是因為它們失去了個體利己主義的性質，更多地是人化了的感覺，在這種感性中，充滿了社會性的東西，它們已經成為社會人的主要感官。

第二，情欲的人化，這是對人的動物性的生理情欲的塑造或陶冶，與人是具有感性欲望的個體存在的關係極為密切。人有「七情六欲」，這是維持人的生存的一個基本方面，它的自然性很強。這些自然性的東西怎樣獲得它的社會性？例如 「性」 如何變成「愛」？性作為一種欲望要求，是動物的本能，人作為動物存在，也有和動物一樣的性要求。但是動物只有性，沒有愛，由性變成愛卻是人獨有的。像安娜·卡列尼娜、林黛玉的愛情，那是屬於人類的。因此，人們的感情雖然是感性的，個體的，有生物根源

和生理基礎的，但其中積澱了理性的東西，有著豐富的社會歷史的內容。它雖然仍然是動物性的欲望，但已有著理性滲透，從而具有超生物的性質。佛洛伊德講藝術是欲望在想像中的滿足，正是看到了人與動物的這種不同。

《批判哲學的批判》再三說明了這一點。其中曾引馬克思的話：「男女之間的關係是人與人之間的直接的、自然的、必然的關係。在這種自然的、人類的關係中，人同自然界的關係直接地包含著人與人之間的關係，而人與人之間的關係直接地就是人同自然界的關係，就是他自己的自然的規定。因此，這種關係以一種感性的形式、一種顯而易見的事實，表明屬人的本質在何種程度上對人說來成了自然界，或者，自然界在何種程度上成了人的屬人的本質。因而，根據這種關係就可以判斷出人的整個文明程度。」[8] 這即是說「性欲成為愛情，自然的關係成為人的關係，自然感官成為審美的感官，人的情欲成為美的情感。這就是積澱的主體性的最終方面，即人的真正的自由感受。」[9]

「審美就是這種超生物的需要和享受，這正如在認識領域內產生了超生物的肢體（不斷發展的工具）和語言、思維即認識能力，倫理領域內產生了超生物的道德一樣。人性也就正是這種生物性與超生物性的統一。不同的只是，認識領域和倫理領域的超

8　《1844 年經濟學哲學手稿》，參看何思敬譯本，人民出版社，北京，
　　1963 年，第 85 頁。

9　《批判哲學的批判》（修訂本），第 435 頁。

生物性質經常表現為感性中的理性，而在審美領域，則表現為積澱的感性。在認識領域和智力結構中，超生物性表現為感性活動和社會制約內化為理性；在倫理和意志領域，超生物性表現為理性的凝聚和對感性的強制，實際都表現超生物性對感性的優勢。在審美中則不然，這裡超生物性已完全溶解在感性中。它的範圍極為廣大，在日常生活的感性經驗中都可以存在，它的實質是一種愉快的自由感。所以，吃飯不只是充飢，而成為美食；兩性不只是交配，而成為愛情；從旅行遊歷的需要到各種藝術的需要；感性之中滲透了理性，個性之中具有了歷史，自然之中充滿了社會；在感性而不只是感性，在形式（自然）而不只是形式，這就是自然的人化作為美和美感的基礎的深刻涵義，即總體、社會、理性最終落實在個體、自然和感性之上。馬克思說，『舊唯物主義的立腳點是市民社會，新唯物主義的立腳點則是人類社會或社會化的人類』[10]。馬克思主義的理想是全人類的解放，這個解放不只是某種經濟、政治要求，而具有許多更為深刻的重要東西，其中包括要把人從所有異化的狀態中解放出來。美和審美正是一切異化的對立物。當席勒把『遊戲衝動』作為審美和藝術本質時，可以說已開始了這一預示。人只有在遊戲時，才是真正自由的。」[11]

　　總起來說，美感就是內在自然的人化，它包含著二重性，一

---

10 〈關於費爾巴哈的提綱〉，《馬恩選集》第 1 卷，第 16 頁。

11 《批判哲學的批判》（修訂本），第 413～414 頁。

方面是感性的、直觀的、非功利的；另方面又是超感性的、理性的、具有功利性的。這就是我 1956 年提出的「美感的矛盾二重性」。從那時起，我就一直認為，要研究理性的東西是怎樣表現在感性中，社會的東西怎樣表現在個體中，歷史的東西怎樣表現在心理中。後來我造了「積澱」這個詞，就是指社會的、理性的、歷史的東西累積沈澱成了一種個體的、感性的、直觀的東西，它是通過「自然的人化」的過程來實現的。這樣，美感便是對自己存在和成功活動的確認，成為自我意識的一個方面和一種形態。它是對人類生存所意識到的感性肯定，所以我稱之為「新感性」，這就是我解釋美感的基本途徑。一句話，所謂「新感性」，乃「自然的人化」之成果是也。

馬爾庫塞也提出過「新感性」，但他講的「新感性」，似乎是對馬克思《1844 年經濟學哲學手稿》的一種誤解。他把「新感性」作為一種純自然性的東西，所以他講的性愛、性解放，實際是主張性即愛，性的快樂本身就是愛。記得我年輕時看高爾基的《克里薩木金的一生》第 1 卷末尾，那個女孩在第一次性經驗時想，這就是茱麗葉所希望而沒有得到的麼？細節完全記不清楚了，但這一點似乎沒忘記。當時我感覺她提出了一個很有意思的問題，即性與愛的關係、二者的共同和差別問題。在現代，「愛」這種羅曼蒂克被一些人認為早已過時了，只堪嘲笑，因之強調的完全是性的快樂。性的快樂當然重要，它在中國長期遭到封建禁欲主義的過分壓抑，值得努力提倡一下。而且性的快樂（做愛）也有人的創造，並非完全是動物本能。但它畢竟不是人類心理發展的全

貌。從整個文化歷史看，人類在社會生活中總是陶冶性情——使「性」變成「愛」，這才是真正的「新感性」，這裡邊充滿了豐富的、社會的、歷史的內容。性愛可以達到一種悲劇感的昇華，便是如此。同時它也並不失去有生理基礎作為依據的個體感性的獨特性。每個人的感性是有差異的。動物當然也有個性差異，但這種差異仍然只服從於本能地適應自然。人類個性的豐富性由社會、文化和歷史而更突出，所謂「性相近，習相遠」，「差之毫釐，謬以千里」，從而「新感性」的建構便成為極為豐富、複雜的社會性與個體性的交融、矛盾和統一。

　　既然是理性向感性的積澱，既然是社會性、歷史性向心理結構的積澱，各種心理功能如何協同組織、活動和建構，便成為需要進一步說明的問題。

 審美的過程和結構

　　依據本講一開頭所列的那張圖表，下面擬對美感過程和結構作一並不科學的粗略描述，旨在從經驗現象上較具體地驗證上述哲學提法而已。

　　最廣義的美感即審美意識或審美心理。它可分為幾個階段。開始是準備階段，在這階段中最初是審美態度，也可稱審美

立場。

　　這個問題是近代美學注意的中心，在西方美學史上，自叔本華以來，這個問題提得十分突出。人們在審美時首先出現的就是審美態度。什麼是審美態度？不同派別有不同說法，像很出名的「距離說」，要求主體與欣賞對象保持一定的心理距離，使自己從日常現實生活中脫離出來，保持一種與日常生活和實際功利無關的態度，即審美態度。迄今為止，這還是美學中經常引起討論的問題。大家可能注意到在上列表裡沒有「審美主體」這個概念。現在很多文章喜歡使用「審美主體」，我之所以不採用這個概念，就是因為一個人不能在很長時間內只保持審美態度。難道你能從早到晚整天保持審美態度，從生活中脫離開來嗎？即使你欣賞最好的音樂或看戲，時間也畢竟是短暫的，更不能說一個人能整天、整月、整年對任何事物都保持超功利、超實用的審美態度，而構成一種所謂「主體」。真正嚴肅的宗教哲學家都認為人「不可能永駐於聖殿」、「他不得不一次次重返人世」[12]，連神的世界也如此，更何況乎審美世界？也許可以對人生對生活對日常事務採取一種審美態度，比如莊子那種態度，但這也是一種比擬性的說法。它指的主要是一種理想人格，而並非能夠整日間那麼飄飄然。審美不能是很久的態度，因之不能構成一種「主體」，而只是進入審美活動之前和之中的某種時間比較短暫的心情、態度而已。但如同

---

12 馬丁・布伯 (Martin Buber)：《我與你》，中譯本，三聯書店，北京，1986年，第72頁。

經常進入神的世界使精神不斷得到洗滌淨化而有益於人生一樣，審美亦如此。它在你一生中的反覆來去，就極大地來豐富了你的現實人生。

　　審美態度作為進入審美經驗的準備階段，其中有個關鍵環節，即審美注意。審美注意就是審美態度碰到具體對象的時候，把注意力集中和停留在對象上面。這種注意力與一般的注意力不完全一樣，它主要是一種對於對象形式或結構的注意。審美注意把審美態度具體化了。科學家對對象也十分注意，植物學家看顯微鏡要注意細胞的組織情況、形狀、結構，但這不是審美注意，因為這注意是與確定的概念思考聯繫在一起，它把這組織的形狀、結構等等與特定的意義、類別、問題直接聯結起來，並過渡到科學的邏輯思考。破案的公安人員注意罪犯留下的手印、足跡的形狀、結構等等，但這也不是審美注意，他們由對形式的注意也馬上要聯繫和過渡到邏輯思考，如根據足跡，判斷罪犯有多高，是朝哪個方向跑的等等。審美注意和它們不同，主要區別就在於審美注意並不直接聯結也不很快過渡到邏輯思考、概念意義，而是更為長久地停留在對象的形式結構本身，並從而發展其他心理功能如情感、想像的滲入活動。因之，其特點就在各種心理因素傾注在、集中在對象形式本身，從而充分感受形式。線條、形狀、色彩、聲音、時間、空間、節奏、韻律、變化、平衡、統一、和諧或不和諧等等形式、結構的方面，便得到了充分的「注意」。讓感覺本身充分地享受對象形式方面的這些東西，並把主觀方面的各種心理因素如感情、想像、意念、願望、期待等等，自覺或不自覺地

投入其中。這便和植物學家對細胞的注意，公安人員對罪跡的注意，根本不同了。

審美注意並不限於造形藝術，在主要訴諸想像的文學領域，也有這種情況。如中國詩文中所重視的「氣勢」，就有所謂抑揚頓挫的形式結構問題。歐陽修的文章和韓愈的文章味道不一樣，因為氣勢不同；一種「氣」比較壯健強盛，是陽剛之美，一種比較迂迴和緩，是陰柔之美。古文為什麼要朗讀而不默吟，就因為要求集中審美注意於結構形式，而感受這不同的「氣勢」。這種通由審美注意所獲得的對對象形式的注意所得到的感受，又恰好是與自己的情感形式相溝通的。這樣，審美態度經過審美注意就真正進入審美經驗，亦即完成了審美的準備階段，進入審美的實現階段。

審美態度只是美感的必要條件，而非充分條件，它是審美的前提，而非審美的實現。所謂審美的實現階段，也就是人們一般所說的「美感」（狹義的美感），即審美愉快 (aesthetic pleasure)，或稱審美感受 (aesthetic feeling)，只有康德獨特地稱之為審美判斷 (aesthetic judgement)。在我看來，三者異名而同實。

康德這個獨特命名，有深刻道理。審美既不是理知的概念活動，為什麼又是「判斷」呢？這是因為，這裡所謂「判斷」，是指審美要求其有一種人人都共同承認的普遍必然的有效性質。康德認為美感雖然是感性的、個體的、主觀的，但它具有普遍必然性。一般說來，口味、快感因人而異。但審美、美感卻要求如同邏輯判斷那種普遍必然性，它對每個人都必須有效，如同理性認識一

樣，所以把它叫做「審美判斷」。從康德所用的這個詞彙倒可以看出，美感既是感性的，又是超感性的，它們是在個體的感性中積澱著社會的理性。關鍵在於，這理性不是來自知性的邏輯，如康德所指出，它是來自人的各種心理功能（其中既包括知性〔理解〕，也包括想像力）的協合活動的結果。

　　可見，所謂「審美判斷」是要表明，審美感受或審美愉快不是一種被動的產物，它不同於吃食物時的生理愉快（被動反應），而是人們主動進行的心理活動，有如人們主動進行的邏輯判斷一樣。所以康德以為，愉快在先還是判斷在先，是美感與快感區別的關鍵。即是說，由愉快而判斷對象為美乃是生理快感，只有由人的各種心理功能和諧運動（「判斷」）而生愉快，此才為美感。由此可見，審美感受不是某種單一或單純的感知反應而已，它是一種積極的心理活動過程，其中包括了感知、想像、理解、情感多種因素的交錯融合。也就是說，審美愉快之所以產生，是由於各種心理功能相互活動、交錯融合的結果。所以說，判斷在先，愉快在後，而不同於由感官感受直接產生愉快的生理快感。這一點，我認為十分重要，確乎是審美心理的關鍵，它說明審美不是被動的靜觀，而是一種主動的活動，是人的心理諸功能、因素自由活動的結果。喝杯啤酒感到痛快，這是生理愉快，幹件好事精神感到滿足，這是道德愉快，攻下一道難題感到興奮，這是求知得到的愉快；審美愉快所以不同於這些愉快，原因很多，簡單地說，它是更多的心理功能的活動成果。任何事物或藝術作品要使人獲得美感愉快，就必須能夠調動起人們多種心理功能的主動活

動。這種活動是異常複雜的交錯的，正是這種異常複雜的交錯融合，形成了我稱之為審美心理結構的「數學方程式」。

由此可見，美感或審美感受、審美愉快是一個頗為複雜的過程。但這與我強調的美感的直覺性並不矛盾，因為不但這過程一般在時間上相當短促、迅速，「當下即得」，而且這整個過程也仍然排斥概念認識，所以說具有直覺性的特徵。至於將這過程看作「數學方程式」的說法，則當然只是一種比擬性的猜測，它也可能是某種結構性的數學公式，總之，其中有多項變數，相互反饋而構成某種流程。

所謂多項變數，其中包括各種心理因素、功能、成分，如意向、願望、期待、想像、認識、情緒、心境、欲求等等。為簡明起見，下面僅以感知、理解、想像、情感四因素在審美過程中的一些情況和特徵，分別作些簡單描述。美感由審美注意具體化到審美感知，開始進入實現階段。美感實現階段中首先是審美知覺，即對審美對象的感知。從審美感知便可看出人類「新感性」的建立，即在感知中由於滲透了其他的心理功能、因素，使這感知本身具有許多超感知的成分，而並不被人們自覺意識到。貢布里奇（E. H. Gombrich）從藝術史強調說明過視知覺總是包含人們的認識、理解因素，一開始就與觸覺動覺聯在一起，是具有「意義」的綜合體。下面是一張心理學中常見的圖。小孩的畫和埃及人畫的樹大體屬於 A 圖類型，這實際是他們所理解所「認識」的「感知」對象：樹是長在池塘旁邊。大人畫和文藝復興時期的畫就不是這樣了，而是 B 圖那個樣子，要從平面中看出立體。但要叫小

孩看，他會說樹長在池塘裡去了，畫錯了。這兩種畫法在藝術上並無分優劣，引用在這裡，是想說明人類感官「本身」所具有的理解性的不同和增強，即對象不只通由感官而被認識（理解）的對象，而是作為實踐的對象被感官所「立體」地感覺著，它已成為某種理解了的視覺（感知）對象，儘管可以是非自覺的。

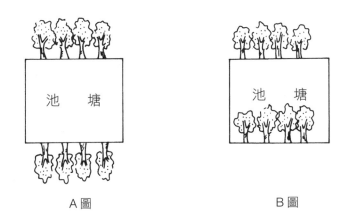

A圖　　　　　　　　　B圖

　　一般的感知如此，審美感知中亦然。如同克利福德・格爾茨論證人性是文化的產物那樣[13]，貢布里奇的論著也可說明人的眼睛——視知覺，同是文化的成果[14]。上述 A、B 兩圖正好表現了由「所知」即理解由外在來支配感知，進到「所見」，即理解已融化在視覺中，構成幻想世界。人類的時空感便屬於這種歷史的「文化」感知，它超越了動物生理性的感知。這也充分表現在畫中，

13 Clifford Geertz, *The Interpretation of Cultures*, ch. 1～2.

14 參看 E. Gombrich, *Art and Illusion*.

洶湧的大海和險峻的群山本都在一個平面上，但我們感到的卻是
山水對峙、驚濤駭浪的立體景象（三度空間），能「看出」它有好
多層次。因此審美感知看上去似乎是純感性的知覺，實際上是超
感性知覺的，它包含著許多因素，尤其是認識、理解的因素。但
這認識、理解卻又只是因素，它已融解在感知中去了，成為非自
覺意識到的東西。感知中積澱有認識、理解，這是人類感性的「進
步」，這「進步」不是生理自然的生物學進化，而是歷史所構建的
文化—心理結構的一種進程。我以前舉過看電影的例子，開頭人
們看不懂特寫（微像學）、交叉（同時態）、倒敘（回憶）等等。
現在都能看懂了，不假思索就心知其意，這說明「感官」的「進
步」。其實，耳朵能欣賞旋律，眼睛能欣賞線條，也是這種「進
步」。線條、旋律比色彩、節奏需要的理解因素重得多。所有這些
都是「自然的人化」。也正因為審美感知是滲透了其他心理因素，
是處在與其他心理因素的交互作用的結構體中，所以藝術才不愚
蠢地要求感覺真實。中國藝術相當突出了這一點，繪畫中的墨荷，
戲曲中的時空，建築中的園林都如此。中國獨有的書法藝術則是
使訴之於感知的色、線、形本身從物質對象世界中解放出來，以
自身的自由組合而產生獨立的審美效果，並不依靠它們所描述的
客觀事物或物質對象。現代藝術以及工藝的造形、色彩，均同此。
感知本身可以創造和引向一個獨立的審美世界。但是，感官又畢
竟是生理的東西，它又仍然保持它的生理特性。據說動物也喜歡
圓形。色彩的冷暖感、強弱感等，都是自然生理反應，它們在審
美感知中，也非常重要，經常構成審美感知的某種特徵。名畫〈蒙

娜麗莎〉那看來（視覺）似乎可觸握的雙手，與名句「玉骨冰肌自清涼無汗」、「清輝玉臂寒」那想像中的可感觸性一樣，不又都以其自然感性的特色吸引著、打動著人們麼？青銅器的黑金色和重量產生的深邃、嚴重的質感，潔白大理石所傳達的清澈寧靜；「晨鐘雲外濕」、「綠楊煙外曉寒輕」所引向的意境，不都與審美中的感知特色有關麼？桑塔耶那 (G. Santayana) 說：「如果希臘巴特隆神廟不是大理石的，皇冠不是金的，星星不發光，大海無聲息，那還有什麼美呢？」齊白石的〈蝦〉的透明質感，宋人〈出水芙蓉〉的鮮嬌如真，丁尼生的 (A. Tennyson) 的 "Murmuring of innumerable bees" 名句，吳昌碩畫裡的「金石味」，李賀詩裡的濃麗鮮艷的色彩，阿海姆講的顏色感知與心境、情緒、生理的直接的同構相似，不都是構成審美的重要原因嗎？

　　但綜上所述，人的審美感知已不是單純的生理感官的快適，不是簡單的同構對應，不是單一的感知和感受，而一般是既有動物性生理快適的機制，同時又是多種心理功能相綜合的協同運動的結果。人類的審美感知已經是一個複雜的社會—生理產物。其中除了將生理感知賦予特定的社會涵義如圓形之代表成功、完滿，色彩標誌等級服飾，人物之大小代表社會地位的高低（如閻立本的〈帝王圖〉）等等（這種社會約定又仍然受一定生理規律的制約，如黑色極少表示喜慶，最多只代表莊重肅穆；紅色一般總象徵熱烈、活潑；人物大代表地位高等等）之外，就在一般的審美感知中，便已包含著朦朧的理解，這理解不是社會的約定（如上述服飾色彩之類），不是邏輯的認識，而是一種對自然形式的

領悟。

　　「理解」在審美中有好幾層內容。首先，審美總意識到自己處在非實用的狀態，不必對所見所聞作出行動（廣義）的反應。看戲知道舞臺上的一切是假的，才不致提刀或開槍去殺劇中人。但看戲又在一定程度上經歷著、分享著劇中人的哀樂。藝術創作也一樣，例如，所謂演員的雙重性就是一方面進入角色，與劇中人渾然一體，另方面仍知道是在演戲，理知地控制、觀察自己的一切。司湯達 (Stendhal) 曾講到「完全幻覺的瞬間」，即是說，只允許「瞬間」的「完全幻覺」，似乎忘記自己是在欣賞，完全幻化到對象裡去；但總的來說，審美總必須有欣賞的自意識（理解），這種意識作為一種當然的（如劇場、畫框都是安排這種「當然」而設）潛在的理解因素而存在。所謂審美非功利性、距離說……，其實都是指這種狀況，與對象融為一體卻又仍然保持靜觀，不作出實用、倫理的現實反應。也正因為此，藝術的真實才不要求等同於、模仿於生活真實，而「貴在似與不似之間耳」。這是審美理解的第一層涵義。

　　審美中理解因素的另一層涵義則是對對象內容的認識，這特別在再現藝術部門，對題材、人物、故事、情節以及技法、技巧的理知認識，經常構成欣賞的前提條件。如果你不懂十字架的涵義，「桃園三結義」的故事，《天鵝湖》、《魔笛》的情節背景，你就沒法「看懂」、「聽懂」那些繪畫、戲曲、舞蹈、歌唱。在西方的畫中，十字架、蛇、羊都是有一定涵義的，十字架是耶穌受難象徵，蛇引誘人把禁果吃了，羊象徵著迷途的羊羔。你不了解它

們的涵義，就不能欣賞它們。中國畫〈白蛇傳〉、〈桃園三結義〉，要是不知道這些故事，就會問這三個人在幹什麼？這是審美理解中的第二層涵義。

　　但所有這兩種涵義都還不是真正的審美理解，它們只是進行審美或獲得美感的前提條件。審美理解的第三層涵義在於，在審美中，在美感中，從理知上認識對象的情感性質、技術特徵，例如「這個曲調是悲哀的」、「這種手法如何如何」……，許多行家、專業人員經常帶著這種態度和理解來欣賞藝術作品。這種理解當然有助於審美感受的形成和獲得，但它還不是我所特別重視的審美理解的第四層涵義。這第四層涵義的審美理解因素是更為內在和深層的。它指的是滲透在感知、想像、情感諸因素並與它們融為一體的某種非確定性的認識。它往往如此朦朧多義，以致很難甚至不能用確定的一般概念語言去限定、規範或解釋。中國所謂「可意會不可言傳」，所謂「羚羊掛角，無跡可尋」，所謂「可喻不可喻」、「可解不可解」……，其實都是講的這種審美中所特有的理解因素。這一點我在形象思維的文章中反覆強調過：指出「理之於詩，如水中鹽」，因而是「有味無痕，性存體匿」，即強調審美中有理解、認識的功能、成分、作用，卻找不出它們的痕跡和實體。它們是溶化在水中之鹽，但有鹹味而已。審美中的認識是溶化在其他因素中的理解，但表現為某種領悟而已，經常是難以言喻的。這正是審美─藝術的妙處。否則有科學就行了，又何勞辛勤的藝術創作？有抽象的邏輯思維即可，又何必費心於形象思維？也正因為有這種領悟，它比確定的概念認識又總要豐富些、

廣闊些，真可說是「即之愈稀，味之無窮」，可以使人反覆捉摸，玩賞不已。這也就是藝術的認識不同於理論的認識所在。藝術家們所感受、所捕捉、所描述的，欣賞者們所感動、所領悟、所讚賞的，經常是那些已經出現在生活和藝術中，卻還不能或沒有為概念所掌握和理解的現象、事物、情感、思想、心境、意緒。藝術能作為時代生活的晴雨表，走在理論認識的前面，也正因此。從而它對於豐富人的心靈，便不是智力結構（認識）或意志結構（道德）所能替代或等同，它卻可以幫助這兩種心理結構的發展。我在哲學中談到的「以美啓真」、「以美儲善」即與此有關。正是它建構著不同於工具理性，也不同於道德實踐理性的審美理性。這理性卻恰恰是感性的。正是它，構成心理本體的最深層的實在，所以它是一種積澱的、歷史性的存在。

當然，審美中的理解的非確定性與多義性，又不能說得那麼絕對。它仍有一定的限定。即在非確定性中又有某種確定的趨向，在多義性中仍保持某種一定的意義。在許多時候，這種確定性的涵義還可以相對突出，特別是在廣大的再現藝術門類中（小說、戲劇、再現性的造形藝術以及標題音樂等）。所以審美中理解因素的地位及其與其他諸因素的配置、關連和結構，又是多種多樣，五光十色的。以前我曾講過「隱」、「秀」的不同：「義主文外」「餘味曲包」（「隱」）與「波起詞起」、「萬慮一交」（「秀」），便是審美理解中的兩種不同形態。前者（「隱」）是理解在暗中運行，與其他因素溶化得完全看不見，所以涵義似在文詞之外，後者（「秀」）則可以是某種突如其來、先獲我心的頓悟式的領會，理

解比較鮮明突出，這在喜劇藝術（例如相聲）中很明顯。此外，如現代藝術中理性的突出，理解、認識、概念因素的極大增強等等。但所有這些，仍並不推翻上述審美理解的非概念認識的多義性、非確定性的特徵。

感知作為審美的出發點，理解作為審美的認識性因素，其中介、載體或展現形態，則是想像。感知在生理上、理解在邏輯程序中都是常數，正是想像才使它們成了變數。

想像大概是審美中的關鍵。正是它，使感知超出自身；正是它，使理解不走向概念；正是它，使情感能構造另一個多樣化的幻想世界。動物沒有想像，只有人能想像。從想像真實的東西，到真實地想像東西（馬克思）。胡塞爾、沙特也都詳細論述過想像。想像一開始便貫串在感知裡，大家都知道，心理學也證實了期待在感知中的巨大作用。期待與過去的經驗、習慣同時也與未來的希望、意願相聯。它實際也是一種想像。想像把某些經驗的（或體驗的）東西提出來進行回憶、聯想、類比、期待，把腦中一些模模糊糊的東西明確下來，想像是既與個別事物有關聯，又是主動支配性的、具有綜合統一性能的感性活動。正因為想像極為豐富和複雜，不為概念性的認識所規範，所以理解才多義而寬泛。想像又常常與情感、欲望等本能相連繫，受後者支配，具有無意識的意向性。

在審美欣賞中，對內在意義的理解不是靠概念而正是靠想像來聯繫的。高爾基的《海燕》沒有明確地講革命，卻給人以革命的啟示。這是通過想像，即由想像來祆載審美理解。無論是感知

的「聯覺」或上述所謂「隱」、「秀」,也都與想像相關。想像在心理學中一般分為再現性想像、創造性想像以及把聯想(想像的一種)分為接近聯想、類比聯想等等。接近聯想如由齊白石畫的〈歲朝圖〉(爆竹)而感到春節的氣氛,類比聯想如用花比美人、用暴風雨比革命等等。此外,無意識中夢似的變形、濃縮、重疊、不遵守同一律(是 A 又是非 A)等種種非理性的想像,在現代文藝中也廣泛流行。藝術作品之所以必須具有「空白點」(R. Ingarden 的理論),之所以具有朦朧性、不確定性等等,便正是為了給想像以舒發活動的天地。如果沒有這種活動,這個美感也就建立不起來了。從而,想像在這裡便不簡單是心理學的經驗問題,而是關係到人性心理結構的本體論的哲學問題了。

想像的這種廣闊性使藝術與生活的對應關係變得十分複雜和深刻。古典主義的三一律和模擬論美學早已被棄若敝屣,主觀心理的時空和主體感受的真實占領了現代藝術的中心。中國傳統文藝則在實踐理性精神的理解因素的滲入、支配下,「觀古今於須臾,撫四海於一瞬」,相當重視想像的自由活動:中國戲曲中著名的各種虛擬程式;繪畫、詩詞中非常寬廣的時空範圍;不需要布景燈光,舞臺上可以現出白天黑夜;不需要焦點透視,畫面上可以展現萬壑千山;它們並不著重生活真實的如實複製。也正因為想像豐滿而自由,所以理解才多義而寬泛。想像不是為概念性的認識所引導所規範,而是恰恰相反,想像指示著、引領著、趨向於某種非確定性的認識。這正是藝術想像不同於科學想像的地方。科學想像是概念性的感性結構,而藝術想像則是飽含主觀情感的

心緒、意境、典型。弄清這種區分對於了解藝術的審美特徵具有重要意義，也不至於把文藝與科學混同起來。所以，康德講審美是想像和理解的和諧運動，趨向概念而又無確定概念，歸結於某種概念便破壞或不能產生美感。因為，審美愉快是多種心理功能共同活動（而其中又特別是想像主動活動）的結果。康德關於審美是理解力和想像力和諧運動的論述，至今仍然是深刻和準確的；其缺點是太理性化，只講有兩種心理功能，講的功能仍然太少。因為理解、想像力都是人類較高級的心理功能，而審美愉快中還包含著某些與人的生理欲望有關的心理滿足，不只是理解和想像力而已。佛洛伊德派認為審美或藝術是欲望（特別是性欲）在想像中得到變相的滿足。

　　這也就涉及審美結構和過程中的情感因素了。審美中的情感，又是極為複雜的問題。特別是它與想像的關係。

　　情感在科學想像中並不成為想像本身的構成、內容或動力，在日常生活和審美活動（包括欣賞的審美感受和創作的形象思維）中卻不然，正是人們的主觀情感、心境、意志、願欲……，自覺或不自覺地成為驅使想像飛翔的內容、動力、中介和基礎。客觀事物所以能成為你的審美對象，如移情說所認為，是由於你的情感移入對象，於是主客融化，物我同一。在文藝創作中更如此。總之，情感使想像裝上翅膀，趨向理解，化為感知……，構成特定的審美狀態，即一定種類的審美感受、審美經驗。不奇怪，近代的美學圍繞著情感因素提出了不少理論，如立普斯等人的移情說，克羅齊－柯林伍德 (Croce-Collingwood) 的情感表現說，托爾

斯泰的情感感染說等等，佛洛伊德的性欲說也是某種重視原始本
能的情感理論。

審美愉快包含不包含人的生理欲望或原始本能性的心理滿
足？儘管佛洛伊德過分誇張了性欲，但包括性欲在內的人的許多
生理本能在審美中是起作用的。前面已談過感知，即人的感官系
統決定於人體生理，才有對紅、黑、白等顏色的不同的感受和選
擇。夏天炎熱，要是搞得滿處都是紅彤彤的，人會感到難受、煩
躁、不舒服。但如果在綠油油一片田野中見到某些紅色，卻會感
到分外高興，萬綠叢中一點紅，感到適意和愉快。這裡沒有多少
道理可講，是一種生理性的感性要求和反應。既然連感官都如此，
又何況內在的強烈的情欲。它們作為維繫種族生存（如性欲）的
基本動力，是強有力的生理心理功能，出現在審美領域中，便是
非常自然的事情。其實，從審美的前提條件（如審美態度）開始，
期待、意向的因素便經常受生物本能性的欲望所支配。飢餓要求
食物、性欲要求交配，這些本能衝動是動物感性存在的基本組成
部分。告子早就說過「食色性也」，因此，所謂「情人眼裡出西
施」，固然有社會性因素，但其中無疑包括「異性相吸」的生物本
能性的欲求。人是動物性的感性存在，某種本能性的欲望、意向、
要求、期待，必然在審美中有所表現。雖然我不贊成把審美或藝
術定義為「欲望在想像中的滿足」，但在審美或藝術中卻確有這種
因素。問題在於這種因素也不是單純的，而它與其他因素的配合
也極為複雜。所以前面才說「情欲的人化」等等，下講「藝術」
中還要講到這一點。總之，審美愉快（美感）不只是一種心理功

能，而是多種心理功能（理解、感知、想像、情感等等）的總和結構，是複雜的、變項很多的數學方程式。這些變項被組織在一種不同種類、性質的動態平衡中，不同比例的配合可以形成不同類型的美感。例如，古代藝術給人以比較單純的愉快感受，現代藝術給人的感受卻非常複雜，一開始它給你不愉快，但你又偏偏從這種不愉快或不使你愉快中得到了某種精神滿足，即愉快。所以，儘管不同於邏輯思維，審美感受經常是朦朧而多義，但它同時又異常細緻而精確。這是不同於邏輯思維的另一種非語言所能傳述的心理感受的精確。在藝術作品中，經常可以看到，一字之差、半拍之快（慢）、一筆之誤，便有天壤之別。正是審美感受這種複雜而精確的數學結構使它不同於日常經驗，把人從日常生活中似乎拉了出來，以獲得不同於現實習慣的新感受、新體驗和新經驗。美學中所謂「非理解性」、「心理距離」、「幻相」、「隔離」等等，都來源於此，都是指的這種審美心理感受。這個複雜的審美結構是未來的心理學需要解決的課題，現在解決不了。所以我講，不要把美學工作想得太樂觀，至少得五十年，甚至一百年，心理學發達以後才能取得真正的科學形態。現在只能作些表面描述而已。

　　這裡的表面描述則只是為了從經驗上觀察一下，以說明「自然的人化」和「建立新感性」是一個深刻而複雜的問題。

　　那麼，通過這個過程和結構所得到的美感（審美感受和審美愉快）本身，作為人性「新感性」和「自然的人化」，又是種什麼狀況和具有什麼意義呢？它與日常的情感心理狀況有何異同呢？

　　現代一些美學家否認存在有特定的審美感情或審美感受的情感狀態。他們認為所謂審美感受、審美情感不過是日常生活中的各種經驗的感受、感情的「某種方式」的「恰到好處」的協調、綜合、均衡、中和，這種「中和」的感情越多、越豐富、越恰到好處，就越能形成審美感受，就得到越多的美感。例如看一場電影，讀一本小說，我們隨劇情或書中人的遭遇、命運而悲、而喜、而怒、而憤、而緊張、而愉快、而跋山涉水、而曼舞輕歌……，經歷了許許多多的經驗、感受，這些經驗、感受與日常生活的經驗、感受並無不同，只是它們更為豐富多樣（例如在小說中便可經歷在生活中所得不到的種種感受和經驗，如死亡、冒險、恐怖等等），並且剪裁組織得非常之好，儘管你為這些虛構的人物、情節、故事大動其日常感情中的喜怒哀樂，但由於這些日常的喜怒哀樂已被組織、綜合、協調、中和，於是使人最終感到的是一種愉快的感情。美感非他，即此之謂。可見並無特殊的審美感情、審美經驗，審美感情即日常經驗、感情的如此「中和」而已。英國著名文藝理論家芮伽茲 (I. A. Richards)、美國著名哲學家杜威大體持此說。

　　另外一種相反的意見則是克乃夫・貝爾和洛潔・佛萊 (Roger Fry) 所持的審美感情說。他們認為有一種特殊的審美感情，它們是對對象的形式──色彩、線條、音響即所謂「有意味的形式」的反應。只有在這種純形式的欣賞中才能獲得審美感情，其他涉及內容（如故事、情節、人物）的情感、感受或認識都不能算作審美。例如看陶器、書法等等，只覺得線條、色彩很美，卻

說不出什麼内容、意義、認識來，這才真算是審美。可見，審美感情與日常經驗、感受沒有關係，它只是對象「有意味的形式」所引起的特殊的心理對應感受而已。這種情況也確乎存在，不但書法、陶器、雕塑、繪畫等造形藝術，就是在以概念為基本材料的文學中，例如詩歌中，也有與此類似（也只是類似）的情況。我曾以《詩經》的某些詩篇為例說，「雖然這些詩篇中所詠嘆、感喟、哀傷的具體事件或内容已很難知曉，但它們所傳達出來的那種或喜悅或沈痛的真摯情感和塑造出來的生動真實的藝術形象，那種一唱三嘆反覆回環的語言形式和委婉而悠長的深厚韻味，不是至今仍然感人麼？」[15] 它們的再現内容已不復可知，而留下來的正是這種情感的「有意味的形式」。這種「有意味的形式」激起人們的審美感情。各種造形藝術更是如此。

　　這兩種意見頗不相同甚至對立，但都有一定道理。前者顯然更適用於各再現藝術部類，後者則更與表現藝術合拍。但前者沒看到美感作為積澱成果，與一般日常經驗確有不同之處，它是人類新感性的高級產物，的確存在那種能欣賞純形式的審美感受；後者卻始終講不清究竟什麼是「有意味」，人為什麼會有這種「純粹」的審美感情，它們是如何可能的？同時也不能解釋那種具有生活經驗内容的藝術和審美。在我看來，二者以不同方式實際都提出了一個審美的心理結構問題。前者把這種結構由多種因素組成——即它由日常生活中的情感、理解、感知、想像這一方面突

15 拙著《美的歷程・先秦理性精神》。

出來了，說明審美並不神祕，確乎與人們生活經驗有關，是這些經驗、感受某種特殊的組合。所以，這裡重要的是，這些日常經驗或多種因素必須組織在一定的形式中。用芮伽茲等人的話來說，它們必須取得協調、均衡、中和，即把各種極複雜的經驗、感受組織融合得「恰到好處」。這個「恰到好處」，不就正是指這些經驗必須放在一定的形式結構裡麼？後者如貝爾的「有意味的形式」，則直接指出這個藝術結構的形式特徵。所謂獨特的審美感情，乃是與這種藝術形式相對應的主觀感情結構。這個作為心理結構的審美感情，已經不同於作為這種心理結構因素的一般情感，它使這種一般情感在理解、想像諸因素的滲透制約下得到了處理，也即是所謂「情感的表現」（Collingwood）、「情感的邏輯形式」（S. Langer）。從而這種作為心理結構成果的「審美感情」，並非如貝爾所以為，是某種神祕的本體實在或佛萊所認為的下意識。它們正是前引〈美學〉條目中講的與「美的線條」等（有意味的形式）相對應的「人類的天性中所具有的」、「趣味的法則」。總之，這兩派的不同，在我看來，在於前者（芮伽茲、杜威）突出了審美的來源和組成，後者（貝爾、佛萊）突出了審美的成果和狀態。一偏重於「依存美」，一偏重於「純粹美」。其實，一方面，如果沒有日常經驗和生活情感作為被剪裁、被納入、被熔鑄的材料，那所謂「審美感情」的心理結構將是空的，「有意味的形式」的「意味」將無所由來；另方面，如果有種種生活經驗、感受或情感，而沒有被納入、剪裁和熔鑄在一個審美心理結構中，那這些材料不過是一堆大雜燴，不可能產生「審美感情」。偏重欣賞具體

內容和偏重欣賞形式以及裝飾美的美感，都是由於心理結構複雜的方程式中不同比例的配合和組織、融化的緣故。所以在某些審美欣賞、感受中，有時似乎看不到形式，得到的美感似乎就是一種非常接近於日常道德、宗教、政治……的情感、態度和認識，直接感到心靈得到了洗滌、淨化或認識，以至痛哭流涕或喜歡之極。有時又似乎看不到內容，得到的美感似乎是一種獨特的毫無認識、功利、倫理、宗教等實用內容的純粹愉快。前者如看某些小說、戲劇、電影，後者如欣賞某些建築、書法、工藝品，但實際上這兩個方面都是存在的，只是在不同的對象中有各種不同的組織、配置的結構罷了。

　　本書已一再引用的〈美學〉條目說，「在美學科學中，至今還有一個領域被忽視了，就是關於比例的理論。畢達哥拉斯和他的思想還沒有找到繼承人來說明形式美究竟是以什麼為依據的，來分析各種藝術表現的一切不同形式，並且揭開各種藝術按照人的心理結構對人心所產生的特殊作用。」我以為，最後一句極為重要，應該提出如何能用比例的理論把人的心理結構以精確的形式表述出來。如前所說，直接進行這種研究也許要在幾十年之後，因之，從作為它的物態化成果的藝術作品中，研究由各種形式的不同配置而產生的不同心理效果，探測不同比例的心理功能的配合，將是目前即大有可為的事情。各種不同類型、不同風貌、不同韻味的藝術作品所引起的相對應的各心理因素、功能的不同配置排列，便有各種不同的審美感受。即使在再現藝術或具象藝術中，不同藝術種類、派別和作品也給你不同的美感，有的偏於理

智領會，有的偏於情緒感染，有的給你神祕的東西。表現藝術也不只給你以形式，有的內容很突出，有的具體的情感性很強，有的理解性也很強，各種藝術所調動的情感、想像、理解、感知的情況不一樣，有的甚至哲理性很強，因之審美感受便不一樣。再重複說一遍，從作為人類心理結構物態化成果的藝術作品中，研究由各種形式的不同配置而產生的不同心理效果，探測不同比例的心理功能的結合，是美學研究中大有可為的事情。潘諾夫斯基(E. Panofsky) 關於視覺藝術的研究，如關於人體比例的不同所造成藝術風格從而審美感受的不同，便是一例。李白與杜甫，李商隱與杜牧，悲劇使倫理情感突出，小說則認識因素頗強，中國詩話詞話中經常講究的字句的推敲，一字之差，境界頓異……，所有這些，都提供了進行這種文化一心理結構研究的大量素材和題目。

審美經驗的積累便產生審美觀念，形成審美趣味，孕育審美理想，而達到成果階段。需要說明的是，審美觀念、審美趣味、審美理想不只是從審美經驗中歸納或產生出來的。不僅以往的審美經驗，而且還有許多其他因素：如個人的生活環境、人生經歷、興趣愛好、文化修養、個性傾向以及先天的氣質、潛能等等，都起重要作用。所以一個審美經驗並不一定很豐富的人，卻仍然可以有較高的審美趣味、審美理想，如此等等。並且它們和人的政治思想、理論修養也不一定一致。有的人政治上很「落後」，但審美趣味卻很「進步」，有的人政治上很激烈，但審美趣味卻很保守。有的屬於個性差異問題，如有人喜歡李白，有人偏愛杜甫，

歌德不欣賞貝多芬，列寧也不喜歡馬雅可夫斯基……

　　總結上面，從審美結構和過程的經驗描述，可以看到何謂「積澱」或「自然的人化」。康德偏重於知性的理解和想像力的和諧運動、佛洛伊德強調感性的原始本能、格式塔心理學研究了人與動物共有的生理感知，它們的複雜綜合便正是我所說的美感的矛盾二重性，亦即在感性又超感性的積澱，亦即內在自然的人化或人類新感性的建構。這個建構即是康德所提出的不同於個體感官愛惡的審美的「主觀的普遍有效性」和「先驗的共同感」，而這，也就是康德——席勒——馬克思的哲學美學的具體延伸，同時也就是由馬克思回到康德再向前行進。

 **審美形態**

　　美感可以有多種不同形態的分類，如分為優美感、滑稽感、崇高感等等，這是依據不同審美對象（優美、滑稽、崇高）而作的分類。它有某種描述釐定各種不同美感的經驗意義。但這種區劃是難以窮盡的，如前所述，美感有各種細緻精確的不同結構組成，其中微小的差異即有感受的重要不同，例如在所謂優美感、滑稽感、崇高感中便又可以分劃出更多的類別來，這當然是值得心理學的美學去繼續區劃、描述和研究的課題。

　　本書既從自然人化、積澱和文化─心理結構立論，本講既然重視的是情感本體，即新感性的建立，那麼著眼點便不在這種區劃和分類，而注意於審美過程和結構的完成，即人的審美能力（審美趣味、觀念、理想）的擁有和實現。這即是人的感知心意和內在精神的塑造建立，它表現為審美能力（趣味、觀念、理想）的形態學。這才是本講對審美形態的區劃原則，即將審美分為「悅耳悅目」、「悅心悅意」、「悅志悅神」三個方面，這三個方面是人（人類和個體）的審美能力的形態展現。

　　悅耳悅目。這裡指的是人的耳目感到快樂。這種看來非常單純的感官愉快，前面已反覆說過，也已是包含著想像、理解、情感等多種功能的動力綜合，只是沒有自覺意識到罷了。但也如前面所說，其中與感知相關的耳目器官的生理反應不容忽視。關鍵在於，這種生理性能和自然規律如何與社會性的性能相交織結構，以社會性的方式實現出來，並在此實現中使自然生理的耳目性能獲得了豐富、發展，成為積澱的人性、人化的自然、人類所獨有的心理本體，使人的感性存在也不同於動物。

　　人不同於機器「人」，因為人是一種自然生理的感性存在；人不同於動物，因為人是一種理性的存在；但更重要的是，人的感性本身已不同於動物，也不同於機器。整個哲學美學當前所要論述的，便是這樣一個「教育學」或「美育」的問題。前面講感官的人化，也就要落實到這種悅耳悅目的美感形態中來。

　　具體來看看。例如為什麼科學定理、數學公式可以一直不變或少變，而人們卻有千變萬化的時裝？這首先就與生理感官有關

係。人的感官是容易疲勞的。非常好吃的東西，假如你天天吃，很快就不想吃了。非常美的東西，你天天看它、聽它，也就不一定感到美了。在北京住的人，如果天天去北海，便會感到沒多大意思，可過一段時間再去，又感到有意思了。缺少變遷會使感官遲鈍，沒精打采。感官的東西與理性的東西不一樣，人與機器不一樣，它需要休息和變異，它要求新鮮活潑的刺激，才獲有繼續生存、活動的生命力。新的刺激使感知得到延長，甚至緊張，從而使知覺專注於對象，不至於因「習以為常」而「視而不見」，這樣也才能不斷地得到滿足。現代流行音樂的時剛時柔，流派眾多，此起彼伏，並不停步，亦以此故。正因為藝術和審美需要變異，一些美學家曾認為「美在新奇」，主張藝術家要善於發現、選擇新的角度、途徑、方法、形式，去創造新的藝術風格。一部藝術史實際便是風格史。所謂風格史，也即是耳目感受的流動變遷史。不僅造形藝術，文學亦然，文學以形象表象聯繫著耳目感知。克羅齊說過語言本來就有美學因素（諸如車跑，風叫等等），可是講熟了，成為機械性的自動反應，便失去了這因素了。日常語言常常把豐富的生活經驗和感受僵化、固定化和割裂化，語言愈發達，抽象語彙愈多，這一點愈突出。少數民族的語言中的形象性、比喻性的東西就比較多，我們聽了很新鮮，覺得富有詩意，但他們習慣這樣講，就並不一定會有同樣的感覺了。在文學中，新詞麗句，怪字僻語，獨特比喻，便易於喚起新鮮的感知、想像和情感。所以形式主義文學理論，主張寫詩要選擇與日常語言不符合的、破壞日常規範化的語法、詞彙和句子，使人產生「陌生感」才會

受歡迎，從美感角度看，也可說正是抓住了人的感官需要變異，以及由之而引起的想像、理解和情感需要變異這個審美特點。

審美經驗中的感知變異又有兩種，一種是和緩式，感知頗易適應。如服裝，今天領子大一點，明天領子小一點，裙子一時長一些，一時短一些；稍微變動一點，看著很新鮮，這樣經常變動，就受人們歡迎。有人曾研究服裝史，發現儘管不斷出現、流行時髦的服飾，但總起來看，這種變化原來是在繞圓圈，即變來變去又變回來了（當然又非完全的回歸）。有時是大圓圈，有時是小圓圈。心理學中有所謂「差異原理」，不是太熟悉又不是太不熟悉的變異，能喚起知覺的新鮮刺激而感到愉快。上世紀赫爾巴特 (J. F. Herbart) 的形式主義美學也證實了與舊經驗又聯繫又差異的新經驗，最易產生審美愉快。

另一種則是突變性的，急劇式的。如原來是直的，突然來個圓的；原來是規規矩矩的，突然來個離奇古怪的；猛然一看一聽，覺得很彆扭，感到不舒服，但慢慢地又覺得這種變革有強烈刺激的滿足感，從而極感興趣；或者覺得有點什麼意思在裡頭，從而感到興趣。服飾上，前幾年就有這種情況。從中山裝突然一下到牛仔褲花襯衫，引起了一些中老年人的反對，但獲得了青年的極大歡迎而終於取得了勝利。在文藝史上，這種情況便更多了。當浪漫派、印象派和抽象派出現時，都如此。每當一些作家藝術家跨步大一些的時候，都要遭到反對。如浪漫派作家雨果 (Hugo) 的作品，一開始人們反對得一塌糊塗。瓦格納 (R. Wagner) 的歌劇剛上演時，觀眾說他是個瘋子，全劇場的人都反對，有的跳著罵。

印象派的畫展一出來也受到劇烈攻擊；埃菲爾鐵塔建成時被看作
「極醜」，現在卻成了巴黎的象徵。總之，開始時總首先是在感知
耳目上接受不了，太刺激、太刺眼、看不慣、聽不懂……，但終
於被接受了下來，並日益獲得歡迎。這種「看不慣」有時與理性
並沒有直接關係，就是感性接受不了。但就在感性接受或不接受
中，又有其深刻的理性原因。文藝史上以突破舊有感性，使習慣
了舊有規範的感性把握不住從而造成痛苦、刺激、難以理解等審
美效果，更是常有現象。當然，也有一出現便受到普遍歡迎的事
例和情況，這大都也是由於某種社會原因使心理早已期待，渴望
著某種變化的結果。上述「文化大革命」之後，青年們對朦朧詩、
牛仔褲的普遍歡迎，便是一例。這正如 1949 年革命勝利後，年輕
婦女由穿旗袍、擦胭脂、抹口紅，一變而為戴八角帽、穿軍服，
完全不化妝……，人們卻覺得很美、挺好看一樣。值得注意的是，
這種急劇式的感知變換，總經常與一定的社會性的理性內容聯繫
在一起，與人們心理的革命期待聯在一起。因此，在感官疲勞需
要變異這個生理基礎上，實際實現的變異卻又具有著或充滿了社
會的內涵和理性的涵義。感知變異或「陌生化」，生理性只是一個
必要條件。如何變，向哪個方向變，怎樣「陌生化」，才能產生新
的感受，卻又並不是任意的。它除了受身心的自然生理因素的規
範限定外，又仍然受著社會性的制約牽引。如前所說過的服裝一
樣，五〇年代的青年們喜歡《王貴與李香香》，流行激昂慷慨的歌
曲，現在青年們卻喜歡朦朧詩，喜歡那些變形的、「看不懂」的抽
象藝術。又如五四時期的白話文，今日文藝中的意識流手法……

這是不是只因為感知要求變異的生理原因呢？顯然不是，它有更深刻的社會原因，它們都標誌著某種社會時代的積澱特徵，這種積澱滲透和呈現在耳目感性之中，而以審美形式的變異表現出來了。而無論是和緩性的變異，還是急劇性的變異，對我們的眼睛和耳朵都是一種培養、鍛鍊、陶冶和塑造。它具體地表明了，人的自然生理性能與社會歷史性能直接在五官感知中的交融會合。人類正是這樣使自己內在的自然日益地不斷地豐富起來，各種各樣、多種多樣的悅耳悅目，無論是日常生活、藝術作品，也無論是綠水青山、鳥語花香、黃昏落日、長江大河、碧野田疇、春風楊柳……，這種種似乎只是訴諸耳目生理的感官愉快，也仍然或多或少地包含著由欣賞者不同的時代生活背景、社會文化背景和經驗、教養背景所帶來的不同的愉快。總之，在生理性的基礎上，由於社會性的滲入，在感知基礎上，想像、理解、情感諸因素的滲入，我們的耳目感官日益擁有豐富的包容性，它們遠不是那麼狹窄了。我們可以欣賞古典的芭蕾、書法、戲曲，也可以喜歡現代的家具、服裝、音樂和抽象藝術，我們的耳目感知不僅一方面從純自然生理要求中解放出來，而且也從純社會意志支配下解放出來，而成為自由的感官。即耳目不只是認知而是享受，這享受不只是生理快感，而是身心愉悅。耳目愉悅的範圍、對象和內容在日益擴大，這具體標誌著陶冶性情、塑造人性、建立新感性的不斷前進。它是人類的心理─情感本體的成長見證。

悅心悅意。從悅耳悅目的美感中，即可看出，審美愉快雖有自然生理的愉悅滿足方面或內容，卻已遠遠不止於它。通過耳目，

愉悅走向內在心靈。而這就是悅心悅意。

　　1957 年拙文〈意境雜談〉中曾說：「看齊白石的畫，感到的不僅是草木魚蟲，而能喚起那種清新放浪的春天般的生活的快慰和喜悅；聽柴柯夫斯基的音樂，感到的也不只是交響樂，而是聽到那種如托爾斯泰所說的：『俄羅斯的眼淚和苦難』，那種動人心魄的生命的哀傷。也正因為這樣，你才可能對著這些看來似無意義的草木魚蟲和音響，而低迴流連不能去了」。讀一首詩、看一幅畫、聽一段交響樂，常常是通過有限的感知形象，不自覺地感受到某些更深遠的東西，從有限的、偶然的、具體的訴諸感官視聽的形象中，領悟到那似乎是「無限的」、「內在的」內容，從而提高我們的心意境界[16]。悅心悅意是審美經驗最常見、最大量、最普遍的形態，幾乎全部的文學作品和絕大部分的藝術作品都呈現、服務和創造著這種審美形態。不像耳目愉悅受感官生理的制約局限，心意的範圍和內容要寬廣很多。它的所謂精神性、社會性顯得更為突出，它的多樣性、複雜性也更為明顯，從而這一形態的千變萬化，五彩繽紛，也就更加具有意義了。

　　前面講感官的人化時，一再指出情欲的人化。在悅心悅意的審美形態，便包含有這方面的內容。如同悅耳悅目使人的感官生理日益高級化、複雜化、豐富化一樣，悅心悅意也同樣使人的感性情欲日益高級化、複雜化、豐富化。這也是「人化」的具體呈現。

---

16 拙著《美學論集・意境雜談》。

　　悅心悅意包含著無意識的本能滿足。其中，性本能是很重要的內容。佛洛伊德之所以強有力地風行近一個世紀，正在他牢牢把握住了這一無可否認的原始的強大的生理本能力量。人類的性本能由於受社會條件和道德、法律、輿論的制約，被壓抑或排擠到意識的深層變為無意識，成為一種巨大的能量，暗中影響著人們的思想和行為。我們每個人都作夢，都有過在夢中得到直接間接滿足這種被壓抑的性欲望的經驗。在審美經驗中，無論是欣賞還是創作，這種不可言說的本能、衝動、願望、情緒、意念亦即感性底層的無意識，通過一種心理的形式結構被表露和召喚出來，以一方面宣洩，另方面節制。連寫情書都可以使性愛昇華，更何況審美創作和欣賞的悅心悅意？在悅心悅意中，人的本能情欲由於處在多種心理功能（例如理解、想像等）的結構組織中，而「人化」了。這樣也就塑造了人的情欲和心靈。藝術品之所以不同於白日夢，它所具有的那種要求普遍必然地產生審美感受的「判斷」性質，便正在於它是多種心理功能的協同結構，從而改建和塑造了原始本能、生理情欲，才獲有這種「普遍必然性」，也即是客觀社會性[17]。這也就是陶冶性情、形成人性。人類的新感性也就正是通由這種悅心悅意的審美形態而不斷建立起來。

　　悅心悅意作為感性與理性、社會性與自然性相統一的成果，其內容、層次、等級、類型、範圍是極為廣泛的。除了性本能，

---

17 所謂「普遍必然性」實即「客觀社會性」，詳見《批判哲學的批判》第 2 章。

還有其他一些情欲、行為以及心境、理念的被壓抑，而通過審美獲得解放和宣泄。它們也構成悅心悅意的內容。

當然，也不只是壓抑的解放、本能的宣泄，而且還有在此範圍之外的心意的滿足和愉悅。包括從鄉愁到愛國、從感懷到詠史、從友情到議政等等。但由於本書重點在講自然的人化，就不擬泛談這許多方面了。總之，悅心悅意是對人類的心思意向的某種培育。看羅丹、倫勃朗的造形藝術，聽巴赫、貝多芬的音樂，就並不是只悅耳悅目，而是培育心意。讀文學作品，這點當然更明顯。

由於年齡、經歷、修養、文化、性格、氣質的不同，人們對悅心悅意的要求和需要也不盡相同。我少年時喜歡讀詞，再大一些喜歡讀陶淵明的詩，這也說明心意的成長，太年輕是很難欣賞陶詩的。讀外國小說時，記得開始喜歡屠格涅夫，但後來讀陀斯妥也夫斯基的《卡拉瑪佐夫兄弟們》，看完後兩三天睡不好覺，激動得不得了，好像靈魂受到了一次洗滌似的，這也說明悅心悅意所「悅」的已有不同，實際上這種悅心悅意已進入悅志悅神的範圍了。悅耳悅目、悅心悅意和悅志悅神三者雖然確有區別，卻又不可截然劃開，它們都助成著也標誌著人性的成長、心靈的成熟。對人類如此，對個體也如此。今天能夠觀賞抽象藝術和所謂「醜」的作品，實際表明心靈的接受量、包容量的擴大，它不只是耳目感官的「進步」，毋寧更是心靈境界的提高，是人的審美能力（趣味、觀念、理想）的擴展。只有人具有審美能力，具有不同於機器、不同於動物的各種悅耳悅目、悅心悅意和悅志悅神的審美趣味、審美觀念和審美理想。

　　關於「悅心悅意」所涉及的情欲人化等問題，在下講中還要再次談到。這裡先看看審美能力的最後一種形態。

　　悅志悅神。這大概是人類所具有的最高等級的審美能力了。悅耳悅目一般是在生理基礎上但又超出生理的感官愉悅，它主要培育著人的感知。悅心悅意一般是在理解、想像諸功能配置下培育人的情感心意。悅志悅神卻是在道德的基礎上達到某種超道德的人生感性境界。

　　所謂「悅志」，是對某種合目的性的道德理念的追求和滿足，是對人的意志、毅力、志氣的陶冶和培育；所謂「悅神」則是投向本體存在的某種融合，是超道德而與無限相同一的精神感受。所謂「超道德」，並非否定道德，而是一種不受規律包括不受道德規則、更不用說不受自然規律的強制、束縛，卻又符合規律（包括道德規則與自然規律）的自由感受。悅志悅神與崇高有關[18]，是一種崇高感。康德在分析美時，斷定美與道德無關；在分析崇高時，卻強調道德是崇高之基礎，正是在這意義上，康德說「美是道德的象徵」[19]；並指出，面對崇高對象，「……把感情提昇到了頂端，那種感情的本身才是崇高——我們說它崇高，是因為心靈這時被激動起來，拋開感覺，而去體會更高的符合目的性的觀念。」[20]黑格爾在《歷史哲學》中則說，「大海給我們以無際與渺

---

18 參看拙著《美學論集‧論崇高與滑稽》。

19 《判斷力批判》上卷。

20 同上。

茫的無限觀念，而在海的無限裡感到他自己的無限時，人類就被
激起了勇氣要去超越那有限的一切」。高級的藝術作品，如前面提
到的陀斯妥也夫斯基的小說、貝多芬的音樂以及如好些中外著名
建築、雕刻等等，都可以產生這種崇高的美感。它也出現在對大
自然的觀賞中，如康德所強調指出過的那樣。暴風驟雨，巨浪狂
濤，峻嶺險峰，無垠沙漠……，在具有一定文化教養的人們那裡，
都可以喚起悅志悅神的審美愉快。這種悅志悅神之審美感受既不
同於觀花養草、欣賞盆景、玩弄鳥獸之類的審美感受（那屬於悅
耳悅目、悅心悅意），也不是觀賞任何壯觀的書畫所能替代。它不
僅不只是耳目器官，而且也不止是心意情感的感受理解，而且還
是整個生命和存在的全部投入。大自然之令人魂消骨蝕，即在於
此。這種悅志悅神，似乎是參與著神的事業，即對宇宙規律性以
合目的性的領悟、感受。在西方，它經常與對上帝的依歸感相聯
繫，從而走向宗教。在中國，則呈現為與大自然相融會的「天人
合一」的精神境界。共同點在於：人作為感性生命的存在，終歸
是要死亡的，個體的生命都在有限的時空之中，因此人追求超越
這個有限，追求超越這個感性的個體存在，而期待、尋求那永恆
的本體或本體的永恆。不同在於：在西方這個不朽的本體永恆是
上帝，從而追求靈魂不死，超越感性時空，進入一個純精神的永
恆本體。在中國，則不追求這種超時空的精神本體，而尋求就在
此時空中達到「超越」和不朽，即在感性生命和此刻存在中求得
永恆，這也就是與宇宙（整個大自然）的「天人合一」。孔子講
「逝者如斯夫」，孟子講「上下與天地同流」，莊子講「勿聽之於

耳,而聽之於心,勿聽之於心,而聽之於氣,視乎冥冥,聽乎無
聲,冥冥之中,獨見曉焉。」《禮記・樂記》講「大樂與天地同
和」,等等,都有這種意思,都在指出只有當人與自然完全吻合一
致,才能達到所謂「極樂」、「至樂」的審美境界和感受,也就在
這時空中超越了時空。莊子又說:「至樂無樂」,達到了最高級的
音樂也就沒有什麼音樂了,達到最大的快樂也就無所謂快樂了。
達到這個最高的境界,就超脫了一切,什麼都無所謂了。中國的
這個最高境界不是宗教的,而是審美的,因為它始終不厭鄙、不
拋棄感性,不否定、不拋棄內在的和外在的自然。它是在感性自
身(包括對象的整體自然和主體的生命自然)中求得永恆,這種
審美感當然就不是耳目心意的愉悅的審美感了[21]。

　　上面談「悅耳悅目」、「悅心悅意」時,都強調了生理性與社
會性、感性與理性的統一和積澱,那麼,這一問題又如何呈現在
悅志悅神的形態中的呢?作為崇高感受的悅志悅神,其特徵在於,
似乎是在對自然性生理性的強烈刺激、對立、衝突、鬥爭中,社
會性、理性獲得勝利,從而使感性得到了陶冶、塑造和構建。在
西方,它表現為對自然生理的某種壓抑、捨棄、否定甚至摧殘,
以透顯其精神性所建的崇高,這種悅志悅神包含著苦痛、慘厲、
殘忍、非理性的強力衝突等因素或過程,它實際走向或接近洗滌
心靈(淨化)的宗教體驗。從希伯來的《聖經》、亞里斯多德的
《詩學》到陀斯妥也夫斯基以及尼采,都以不同方式呈現出這種

---

21 參看拙著《中國古代思想史論》、《華夏美學》。

特徵。在中國，由於樂感文化和理性的滲透主宰，作為崇高感受的悅志悅神主要表現為一種生命力量的正面昂奮，即所謂「天行健」的陽剛氣勢，表現為一種「與天地參」的人的自然化；通過艱苦的自我修煉，人與宇宙規律合為一體，從道家氣功到佛學坐禪中所達到的種種經驗，以及宋明理學所宣講的「孔顏樂處」的人生境界，都實際指的是這種不離感性又超感性的悅志悅神的審美形態[22]。

　　在走向一個交往日益頻繁密切的世界文化的會合中，中國傳統如何吸取西方宗教和藝術中那種痛苦悲厲的深刻感受，來補充和加深加強自己的生命力量，便是在培育塑造悅志悅神的審美能力所應特別重視的現代課題。其中，特別需要強調的是，中國傳統的「天人合一」將不再是古典式的和諧寧靜，而將是一個充滿了衝突、苦難、鬥爭的過程；「天人合一」不再只是目的，而且也是過程。在這裡，目的與過程（手段）是同一的。無論是「自然的人化」還是「人的自然化」，都包含著這種悲痛、苦澀、艱辛的過程，但它不是宗教式地為上天堂而苦痛，而是真實的感性的苦痛和艱辛。

　　最後要專門提及的，是在這「悅耳悅目」、「悅心悅意」、「悅志悅神」的形態中的人體肢體活動問題。在最早的美的創造和審美創造與欣賞中，亦即在原始的生產勞動和原始的歌舞禮儀中，本是以肢體活動為主的形式創造。在今天的幼兒和兒童的審美教

---

22 同上。

育中，肢體動作的活動也仍然是和應當是一種基本的和基礎的訓練。因其中包括有對自由的形式的復現、領悟和感受。如何在高度機械化的世界，重新振興對人類的肢體活動的培育訓練，包括今日的氣功、太極拳，它們不只是涉及人的身體健康或延年益壽的問題，而且其中也包含有人的自然化和自覺塑造心理－情感本體的美學問題，這與美感的三形態也是密切相關的。這問題只能另處再談了。

四、藝術

（一） 藝術是什麼

當代美學很少研究「美的本質」這種所謂形而上學問題，主要集中在對藝術和審美的研究上。審美的研究也主要通過藝術（藝術品、藝術史）來驗證和進行，但至今關於藝術是什麼？什麼算是藝術品？這個似乎最簡單的問題，也仍然是眾說紛紜，莫衷一是，五花八門，各種各樣。有些語言分析學家認為「藝術」一詞包含的意義太多，也就沒意義了，主張乾脆取消「藝術」這個詞，用音樂、美術、舞蹈這類具體的詞代替它。可是「藝術」這個詞又廢除不了，人們仍然在日常生活和理論研究上廣泛運用它，語言分析的美學家們也沒有辦法。本講暫把藝術 (art) 範定在一件件具體的藝術作品 (work of art) 的涵義上，即是說，藝術是什麼？藝術是各種藝術作品的總稱。

那麼，藝術作品是什麼？藝術作品是指那一件件的雕塑、繪畫、電影、音樂、舞蹈、戲劇以及文學（詩與散文）等等。一幅畫、一曲音樂、一首詩、一個建築……，那就是藝術作品。

那麼，它們又是在什麼時候，或者說，是在什麼條件下成為藝術作品的呢？

埃及的金字塔、殷周的青銅器、歐洲中世紀教堂建築、中國與印度的佛像雕塑壁畫、非洲的原始面具……，它們當年的創造

並不是為了審美觀賞，而有其宗教的、倫理的、政治的、社會功利的實用目的、價值和意義。這種所謂藝術品，其功能原非審美，它們本不是為了給人鑒賞的。「藝術品」這個概念在西方到近代才有[1]。就今天來說，造房屋、購衣物、添家具，……也首先是為了實用。出土的陶器和青銅器，過去農民們挖出來常常只作儲存什物的罈罐使用，它們也不是審美對象。而民俗博物館與藝術博物館的展品經常混同，也說明藝術品與非藝術品的界線異常模糊。藝術之所以難以界定，還由於現代藝術作品的千奇百怪，不可捉摸。看完現代派有些藝術作品，更感到搞不清什麼是藝術了。有的陳列品，就是一堆沙土，裡面放些花生皮之類的東西；有的把幾片破銅爛鐵焊在一起；有的還要用手按一下，從而像坐在汽車裡觀覽街道，出現一閃一閃的景象；我有一張照片，似乎在抓住一位老太太的頭髮向上提，許多人看了說：「你怎麼這樣和老太太開玩笑」，其實，那是塑料做的假人，她坐在那低頭看報，桌子上還擺一盤點心，看上去和真的完全一樣；這也是藝術，即超級現實主義或照相現實主義的藝術。一位著名的藝術家把自己的小便壺拿上展覽廳也稱藝術品。一位音樂家「4 分 33 秒」的完全沈默，毫不彈奏，也稱藝術品。一些藝術家把自己塗上油彩站在展覽廳內也稱「藝術品」……所有這些，都使藝術與非藝術的區劃非常困難。從而，反映在美學理論上，就有像喬治・迪基 (G. Dickie) 的藝術「慣例」論（或制度論，Institutional Theory），認

1　可參看 N. Frye, *Anatomy of Criticism*, Princeton, 1973, pp. 344～345.

為被一定的「慣例」或「制度」認為是藝術的就是藝術品,因此,什麼是藝術得由博物館的專家們或所謂「藝術世界」來決定。還有如當代著名美學家當托 (A. C. Danto) 認為應由理論來決定什麼作品是藝術。但所有這些,似乎並不具有多少說服力。

什麼是藝術作品是一個問題,另一個問題便是藝術與審美、藝術作品與審美對象是不是一回事。

如上所述,無論是歷史古跡還是現代什物,無論是教堂、塑像還是畫幅、家具,藝術作品在許多時候並不是作為藝術對象(審美對象),而是作為其他對象而存在,如作為可供居住或禮拜的房屋,一塊需要搬運的有色彩的木板或紙軸(繪畫),一大卷黑白膠卷(電影),如此等等。可見只有成為人們審美對象時,藝術作品才現實地存在著。從而,藝術作品究竟在哪裡?是存在於心靈?存在於人性之中?還是存在於畫布、石塊、書頁、樂譜之中?

從美學看,這兩個問題是一個問題,即人工做作的客觀物件,包括實用物件和所謂純藝術創作 (fine arts),究竟是如何成為人們的審美對象的?

用創作者的意圖、博物館的「慣例」或形式、功能的區劃等等,很難說明藝術品與非藝術品的區別,很難說明作品作為現實物件與作為審美對象的不同所在。接受美學 (The aesthetics of reception) 從接受者(讀者、觀眾)的立場來歷史具體地探討作品被接受的各種條件、機緣、心理,實際是將審美心理學與藝術社會學融合在一起,這符合本書所倡導的哲學精神,我以為能較好解析這問題,也是大有前途的科學工作。

但本書卻仍然只能從哲學角度來作點簡單談論。

就整體看，從古至今，可說並沒有純粹的所謂藝術品。藝術總與一定時代社會的實用、功利緊密糾纏在一起，總與各種物質的（如居住、使用）或精神的（如宗教的、倫理的、政治的）需求、內容相關聯。即使是所謂純供觀賞的藝術品，如貝爾所謂的「有意味的形式」，也只是在其原有的實用功能逐漸消褪之後的遺物，而就在這似乎是純然審美的觀賞中，過去實用的遺痕也仍在底層積澱著，如欣賞書法中對字形的某種辨認，古廟或神像觀賞中的某種敬畏情緒等等。當藝術品完全失去社會功用，僅供審美觀賞，成為「純粹美」時，它們即將成為「完美」的裝飾而趨向衰亡。這正是本講下節要談到的重要問題。藝術品如何從實用、功利的人工製作向所謂純藝術的審美過渡，正是有關心理－情感本體的建構關鍵之一。

因此，何謂藝術品？只有當某種人工製作的物質對象以其形體存在訴諸人的此種情感本體時，亦即此物質形體成為審美對象時，藝術品才現實地出現和存在。

當這許多物質產品，從廟堂到服飾，從戲劇到詩文，還沒有成為專門的、「純粹的」觀賞對象，當它們仍然負載著各種物質的或精神的功能、需要時，如祈福求神、勸善懲惡、商業廣告、人際交流……，由物質生產而得來的各種形式感受（參閱「美」講），即已在這些物質產品的形式中展現和擴充開，它們已經在建構那審美、心理結構，即建構上述之情感本體。只是這種建構處在從屬的（從屬於實用、功利）或不覺的狀態下。其中最重要的

正是，這種情感本體或審美心理結構從與其他結構的交會中發展、獨立和分化出來。耶穌、佛菩薩經過教堂、廟宇和宗教造像，進入人們心理，使人們獲得超越的形上本體力量，從而，這些建築、造像的形式結構與所要求展示的神，便有了某種的交流和灌注。戲劇儘管是為了娛樂，宣傳或「勸戒」（均實用功能），但它的形式結構所強化了的人生命運的緊張度，卻給予人們以本體的感受和生命的衝力。於是，這些原來從屬於或歸屬於實用功能的形式結構日漸豐滿和發展，而成為獨立的審美對象，實用功能日漸褪色。於是，所謂純粹的「藝術品」終於產生，教堂不再是禮拜場所，而只是旅遊觀賞對象；繪畫不再是「成教化，助人倫」，而只是「悅心悅意」而已。但即使在這種純粹作為審美對象的藝術作品中，日常的、實用的心理功能又仍然可以與審美並存和交錯，崇奉上帝的感情可以與觀賞峨特教堂仰望上方的審美感受同時並存而且互相滲透；熱情沸騰的戰鬥意志和博厚仁愛的寬廣心懷可以與欣賞貝多芬〈第九交響樂〉的審美愉快同時並存而且互滲；這有如舒適合用的住房、家具、衣服可以與悅目賞心並存互滲一樣。即使貝爾那不食人間煙火的「有意味的形式」，那高級精神貴族式的獨特的「審美感情」，不也最終仍然指向了神祕的宗教體驗麼？

可見，實在沒有所謂純粹的藝術，只有或多或少地滲透人世情感內容的藝術。區別只在於這「或多或少」和這種滲透的結構方式，即上講中多次提到的所謂「數學方程式」。書法不同於電影，服飾不同於詩歌，作為審美對象的藝術作品，從美學看，卻

只有這種心理差別或我所謂「心理結構方程式」變項比例的差異，只有它們與情感本體或審美心理結構的關係、層次的不同而已。

情感本體或審美心理結構作為人類的內在自然人化的重要組成，藝術品乃是其物態化的對應品。藝術生產審美心理結構，這個結構又生產藝術。隨著這種交互作用，使藝術作品日益成為獨立的文化部類，使審美心理結構成為人類心理的頗為重要的形式和方面，成為某種區別於知（智力心理結構）意（意志心理結構）的情感本體。從而，藝術是什麼，便只能從直接作用、影響、建構人類心理─情感本體來尋求規則或來作「定義」。

也只有以此為大前提，上述以創作意圖、博物館的條例或功能、形式的區劃來規定藝術與非藝術，才有一定的合理性。以創作意圖（為純觀賞還是為實用），博物館（是否符合藝術傳統的慣例），或形式（物品以其外形式而不以其功能或功用）等等，來說明或規範什麼是藝術作品，在構建這個相對於心理─情感本體的藝術本體的前提下，都可以發揮其詮釋作用。例如，一件物品不是與某件悲哀、歡快的事件相聯繫，而只是以其形式結構的形體自身使人感到悲哀或歡快，這即是藝術品。這種形式結構所獲得的獨立力量或性質，不又正是上述那個由互滲交織而逐漸完成的情感本體的對應嗎？即它以其形式自身作用、影響、建構心理情感，不再束縛於外在的實用的因素和功能。

所以，藝術作為各種藝術作品的總和，它不應看作只是各個個體的創作堆積，它更是一個真實性的人類心理─情感本體的歷史的建造。如同物質的工具確證著人類曾經現實地生活過，並且

是後代物質生活的必要前提一樣；藝術品也確證人類曾經精神地生活過，而且也是後代精神生活的基礎或條件。藝術遺產已經積澱在人類的心理形式中、情感形式中。藝術品作為符號生產，其價值和意義即在這裡。這個符號系統是對人類心理情感的建構和確認。

　　然而，更具體一點說，藝術品是什麼？它究竟存在在哪裡呢？它有些什麼基本要求或條件呢？

　　第一，藝術品必須有人工製作的物質載體，從創作說，藝術家必須將藝術想像中的幻想世界，確定在一定的客觀物質材料上（作為繪畫的畫布，作為小說的手稿，作為建築的木石……），成為物態化的東西，也只有在這「物態化」的過程中，這個幻想世界才能在不斷的現實的修改變更中真正獲得實現，而成為藝術品。所謂直覺即表現（克羅齊、柯林伍德），必須有物質媒介（鮑桑葵），也就是這個意思。從欣賞來說，藝術如果沒有物質載體，就不能訴諸人的感官，藝術中的審美意義就無法傳達給欣賞者，也無法保留給下一代。杜威、英加爾登 (R. Ingarden)、杜夫海納 (M. Dufrenne) 等一些美學家把它們或叫「藝術產品」，或叫「審美手段」等等，都是指作為藝術承擔者的物質載體，他們把它和審美對象或藝術作品作了嚴格區別。但首先，如果沒有這種載體，藝術作品便不存在。

　　第二，美學家們之所以作這種嚴格區劃，是想指明，藝術作品只現實地存在於人們的審美經驗之中。在審美經驗中，藝術產品才成為審美對象。因之，不管是專門為觀賞創作的物品也好，

或者是附著在物質（如居住）或精神（如禮拜）的實用物品之上的形式外觀也好，藝術品現實存在的特徵之一，是直接訴諸或引動、喚起人們的審美感受和審美經驗。既然藝術品作為審美對象只存在於當人們去欣賞它時，那它便是一種幻想的實在，這個幻覺或幻想的實在當然不等同於那個載體（畫布、鉛字、木石……）的物質實在。這個幻覺的實在的狀態、性質既取決於那個物質載體所客觀提供的一切，也取決於欣賞者主體個人所提供的一切。這即是說，主體欣賞者的時代、社會、階級、民族、文化背景以及個人的性格、氣質、教養、經歷，以及原來擁有的審美經驗和審美理想等等，都有很大的作用。人們反覆引用過馬克思講非音樂的耳的那段名言，說明藝術產品只有進入你的審美範圍之內才成為藝術作品。古代人不能欣賞青銅饕餮，認為它們是妖異；如同今天貧困的人無心去觀賞歌劇一樣。同一「藝術產品」（「審美手段」），對不同時代、社會的人，或同一時代、社會的不同的個體，是否能成為藝術作品（審美對象）或成為什麼樣的藝術作品，取決於人們的各種複雜的主觀條件和狀況。

如果說，物質載體（「藝術產品」、「審美手段」）是必要條件，那麼，主題素養（審美經驗）便是在某種限定意義上的充分條件。而藝術作品作為審美對象，便是這二者的統一交會。這是另一種主客觀統一，是朱光潛所強調的主客觀統一，它可以說明藝術的本質特徵，但不是美的根源、本質。這在「美」講中已經仔細討論過了。

那麼，這對「藝術美」又如何呢？

　　「藝術美」的「客觀社會性」從而便具有另一種涵義。這種客觀性不僅指藝術作品必須有物質載體，這物質載體總是客觀物質的存在。而且更指這主體素養所結合物質載體所構成的藝術作品，並不只是停留於個體創作或欣賞時的審美對象，即是說，藝術作品又不止是審美經驗而已，它既已是一種物態化的現實存在，儘管其幻相世界必須實現在各個不同的審美經驗之中，但其共同可接受性，亦即諸審美經驗的總和概括，卻在構造人類心理的情感本體中取得了相對獨立於各個個體的審美經驗的本體性質，它獲有了這種積澱的客觀性質。這是人類共同的心理情感本體的物態化。這種客觀性質當然更是社會的產物和遺存。

　　所以，從必要條件（客）和充分條件（主）兩個方面看，藝術美具有本體性，具有客觀社會性。這一客觀社會性不同於美的本質的客觀社會性，這也就是工具本體與情感本體之不同所在。

　　從必要與充分兩方面條件看，藝術或藝術作品的定義必然是開放性的；並無一定的成規可以籠罩，不但物質載體可以日新月異，無所不可；而且主體需求、感受更是這樣。即使是要求公認的普遍性的原則，也服從於一定社會、時代的人們的各種主客觀方面的情況。接受美學和博物館理論在此都有一定的道理。因之，何謂藝術，何謂藝術品，也就沒有必要去追尋一個永恆不變、確定不移的定義或規定了。

　　藝術如此，從美學談論藝術，其途徑亦然。莫卡羅夫斯基 (J. Mukayovsky) 說：「藝術品是在它的內部結構中，在它與現實和社會的關係中，在它與創造者與接受者的關係中，以符號形式呈現

出來的」。這把藝術品放在它與社會的外部的現實關係、與創造觀
賞的內部心理關係和它自身結構的關係三重結構中來研究考索，
是一種相當完整的方法或途徑。因之，把藝術看作多元因素的現
象，可以把它作為讀者、作者、環境各種成分或因素的相互制約
的有機整體來研究考察，也可以對作品各形式因素（音韻、節奏、
文字、形象……）作精密的結構分析，而通過各種藝術現象（歷
史的、個別作品的、藝術家的、風格的、趣味觀念的……）的分
析考察，無疑將發現出許多具體的審美和藝術的規律。關於藝術
的起源、趣味的演變、風格的傳遞和革新、藝術與社會的關
係……，現在已經有了不少重要的理論和材料。隨著實證學科的
發達，它們也將日益科學化、形式化、精確化，並將分化為一些
新的學科。審美心理學和藝術社會學還將分出許多枝幹。這在本
書第一講「美學」中，已經講過了。

　　在我們這裡（中國大陸）經常碰到的一個問題是，美學與藝
術概論或文藝學有否區分或如何區分？屬於審美領域裡的藝術社
會學，無論是藝術理論、藝術史或藝術批評，如何能有自己的特
色，它們如何能與一般的藝術學相區別？而上文提到的那些藝術
理論或批評論著也經常只是在某一個方面或某種程度上屬於或涉
及美學範圍，具有美學性質。那麼作為自覺的美學組成方面、部
分或內容的藝術社會學，它的特點是怎樣的呢？

　　從本書自然的人化、建立新感性的心理─情感本體的哲學美
學看，這個特點便在圍繞或通過審美經驗這個中心來展開自己的
研究或論述。它不是外在地去描述或規定藝術，例如去一般地研

究藝術與生活、藝術與政治、藝術的主題、題材、體裁、技巧……，而是要將它們（藝術）作為審美對象來提出、來研究一系列根本問題，即將藝術品、藝術史和藝術批評作為審美對象的存在、歷史和鑒賞來對待和研究。這樣，就與前述審美心理學的研究密切相關，甚至滲透合流。藝術品真正作為審美對象的存在只有當人去欣賞它時，它是一種幻想世界的實在。前面已講，佛殿、菩薩本都是供人奉獻膜拜的場所、對象，它們什麼時候在什麼條件下和為什麼會成為人們欣賞、品味的審美對象（藝術品）？美只對心靈才開放，藝術品作為審美對象既是一定時代社會的產兒，又是這樣一種人類心理結構的對應品，對作為審美對象的藝術品的研究，不正是對物態化了的一定時代社會的心靈結構的研究，亦即對人類心理—情感本體的探究嗎？因之藝術社會學也完全可以是某種形態的人類審美意識的存在、變化或發展的研究。審美對象如果這樣地成為藝術社會學的主要課題，這就不同於一般的藝術學或文藝概論了。也就是說，特定的審美對象既然與特定的心理狀態相關，從而，研究某種藝術品、某種藝術潮流、趣味、觀念在何種社會時代條件出現、流行和衰落；研究作為審美對象，即與人們審美經驗、審美理想攸關的藝術品的各個方面；或者說，不離開審美經驗而是從審美經驗出發或以之為中心來研究、對待、探索現時代的藝術作品（文藝批評）或古代的藝術作品（藝術史），從中建立起關於藝術的審美原則（藝術理論、文藝學），這就屬於美學領域內的藝術社會學的部分了。「接受美學」也許與此相當。丹納 (Taine) 的《藝術哲學》便太外在，因為它只

講了藝術品與外在環境（種族、環境、氣候）的關係。而就美學
說，更重要的是藝術與人們特定的審美態度、審美感受、審美理
想與心理結構的關係，亦即與上講講的構成審美經驗的那幾種心
理功能或要素的關係。藝術品正是這幾種功能或要素所構成的審
美意識的物態化和凝凍化。在這個外化了的物質形態——藝術作
品以及藝術潮流、傾向中，可以看見一部觸摸得到的人們內在魂
靈的心理學。藝術正是這種魂靈、心理的光彩奪目的鏡子。審美
對象的歷史正是審美心理結構的歷史，是人類自己建立起來的心
理－情感本體而世代相承的文化歷史。同一作品同一對象在不同
時代社會的不同遭遇，折射出不同社會時代不同人們的不同心靈。
這些心靈儘管一方面歸根到底仍然是特定的社會經濟、政治、文
化所決定和規範；但另方面，而且從美學看是更為重要的方面，
即它們又悠久流傳，至今仍在。詞所以大行於五代北宋，正如小
說戲曲高潮在明中葉，詩在唐代極盛一樣，它們都是時代的產兒，
展示的是特定社會時代下人們心靈的物態化的同形結構。但更重
要的是，唐詩宋詞仍然萬口傳誦，並不澌滅。理性的、浪漫的、
感傷的……各種藝術傾向和潮流的出現與更替，是人們審美心理
中各種不同要素的不同凸出和不同比例，更重要的是它們的不斷
沿承，展示了人類心理－情感本體的不斷充實、更新、擴展和成
長的歷史。正是它們不斷構成著和構成了這個日益強大的情感本
體世界。從這個方面或角度去研究作為物態化的審美經驗的藝術，
比起直接研究心理學，便具有更為豐滿多樣的歷史具體性；這種
藝術社會學的嶄新研究，也可以給整個心理學以重要的推動和刺

激。這種藝術社會學與審美心理學的融合統一，恰好是馬克思講
的人的心理以及五官是「世界歷史的產物」，亦即自然的人化這一
哲學命題所提示的具體科學途徑。從而，美的哲學與審美心理學
和藝術社會學的基本原則將是一個「統一整體」。從哲學到心理學
到藝術學，從美的本質到審美經驗到審美對象，本書這個論述過
程，也企圖反映出從抽象到具體、從簡單到複雜即美和審美的邏
輯和歷史的總體行程。它企圖展示美的本質與人的本質相關連、
藝術本體與情感本體相關連，亦即將美的根源與工具本體、藝術
作品與心理（情感）本體連繫起來。

　　從這個角度，本講將藝術作品簡單分為三個層面來粗略地談
點意見。所謂三層面即藝術作品的形式層、形象層和意味層。形
式層與形象層大體相當於「美感」講中的感知與情欲。當然這三
個層面並不能截然劃開，它們三者經常處在同一個審美對象中，
彼此滲透交融和反覆重疊，並且還有種種交錯複雜情況。例如文
學作品訴諸感知的形式層就極模糊，一部小說是以白紙、鉛字、
油墨氣味呈現給感知的，因此，對它的所謂感知主要包含在表象
（想像）裡。有的藝術不一定有蘊涵明確情欲的形象，如某些（不
是所有）裝飾藝術。至於意味層，更不能獨立存在，它就存在在
形式感知層和形象情欲層裡面而又超越它們。

　　從三個層面可以看出，它們不過是將前述「美」和「美感」
兩講中關於「自然的人化」（感官的人化、情欲的人化）的理論，
在藝術中加以重複展開而已。

形式層與原始積澱

本書不是藝術社會學或藝術史哲學，不準備具體討論藝術起源諸問題。但對藝術起源和藝術本性的一個有關問題——「究竟藝術在先還是美感在先？」卻必須有哲學的回答。

這是個長久爭訟未決的問題，有人從洞穴壁畫證明藝術在先，有人從石器紋飾等認為美感（審美）在先。

本書採取後一立場，雖然不以器物紋飾（提籃紋、編織紋）立論。關於這問題曾有過一些誤解。拙著《美的歷程》第 1 章中，引用了一些圖片，說明幾何紋線是由魚、鳥、蛙等具體的動物形象演變而來，是由寫實變成抽象線條的。我現在還堅持這個觀點。但由此有人認為我主張所有的線條都是從具體的寫實的東西變來的，這就不對了，我沒有這個意思。恰恰相反，我認為最早的審美感受並不是什麼對具體「藝術」作品的感受，而是對形式規律的把握、對自然秩序的感受。原始陶器的某些（不是一切）抽象紋飾確是有它的原始巫術、宗教的內容的，是由具體寫實的動物形象變化來的。但是，紋飾為什麼以某種形式的線條構成或流轉為主要旋律？為什麼從具體的動物形象變成抽象線條的時候，是這樣變，而不是那樣變？為什麼不亂變一氣而遵循一定的秩序規則（如反覆、重疊，對稱、均衡等等）而成為美呢？這些美的

秩序、規則從何而來呢？如講美的根源時所強調指出，這是因為原始人類在生產活動中對自然秩序、形式規律已經有某種感受、熟悉和掌握的緣故。它所以在變化中要朝著某種方向，遵循某種規律，就因為原始積澱在起作用。

什麼叫「原始積澱」？原始積澱，是一種最基本的積澱，主要是從生產活動過程中獲得，也就是在創立美的過程中獲得。這在「美」講中已經說明，即由於原始人在漫長的勞動過程生產過程中，對自然的秩序、規律，如節奏、次序、韻律等等掌握、熟悉、運用，使外界的合規律性和主觀的合目的性達到統一，從而才產生了最早的美和審美感受。也就是說，通過勞動生產，人賦予物質世界以形式，儘管這形式（秩序、規律），本是外界擁有的，卻是通過人主動把握、「抽離」，作用於物質對象，才具有本體的意義的。雖然原始人群的集體不大，活動範圍狹隘，但他（她）們之所以不同於動物的群體，正在這種群體是在使用、製造工具的勞動生產過程中建立起來的「社會」關係。只有在這種社會性的勞動生產中才能創建美的形式。而與這種客觀的美的形式相對應的主觀情感、感知，就是最早的美感。如「美感」講中所已說明，它們也是積澱的產物：即人類在原始的勞動生產中，逐漸對節奏、韻律、對稱、均衡、間隔、重疊、單複、粗細、疏密、反覆、交叉、錯綜、一致、變化、統一、升降等等自然規律性和秩序性的掌握、熟悉和運用，在創立美的活動的同時，也使得人的感官和情感與外物產生了同構對應。動物也有同構對應，但人類的同構對應又由於主要是在長期勞動活動中所獲得和發展的，其性質、範圍和內容便大不一樣，在

生物生理的基礎上，具有了社會性。這種在直接的生產實踐的活動基礎上產生的同構對應，也就是原始積澱。

　　在最原始的生產中，從人類利用最簡單的工具——如石器、弓箭等等開始，在這種創造、使用工具的合規律性的活動中，逐漸形成了人對自然秩序的一種領悟、想像、理解、感受和感情。而當在改造客觀世界中達到自己的目的，合規律性與合目的性在感性結構（勞動活動本身）中得到統一時，就產生情感愉快，這便是最早的美感。其中雖已包含著朦朧的理解、想像和意向，但它首先卻表現為一種感知狀態，表現為感覺、知覺，它可說是人類精神世界的史前史，這即是「原始積澱」。可見，在這種原始的積澱中，已在開始形成審美的心理結構，即人們在原始生產實踐的主體能動活動中感到了自己的心意、感知與外在自然（不是具體的自然對象，而是自然界的普遍形式規律）的合一，產生審美愉快。由此應得出一個結論——審美先於藝術。

　　最早的美感並不在藝術，但後代以及現在的生產活動和原始時期已有很大的不同，那麼後代以及現代人的審美是否還包含著「原始積澱」？我們現在對自然規律的掌握，已經遠遠超過幾千年幾萬年以前的水平，不像以前那麼簡單了，我們的「藝術」與生產勞動的關係也已經不是那麼簡單直接了，但是，裡面還有一些基本的東西，如藝術作品中的時空感、節奏感等等，便仍然有這個從社會生產實踐和生活實踐中吸取、集中和積累的「原始積澱」問題。

　　例如，人類在實踐活動中所獲得的時空感是與動物不同的。

儘管動物也可以有某種定向反應之類的時空感覺，但這只是動物
感官的生理反應，與人的時空感知或觀念有本質的不同。人類的
時空感或觀念是實踐的成果，是在歷史性的社會關係制約下，由
使用工具、製造工具而開創的主動改造環境的基本活動所要求、
所規定而積澱形成的。它們超出了僅僅是感官反應的感覺性質，
而成為某種客觀社會性的原始積澱，並隨歷史而演變[2]。例如，
在遠古，原始人的時空感如孩童般地混雜不清，「綿延」一片，隨
著社會的進步，才開始有了初步的區分形式，但人們的時空觀也
還經常與現實生活中的某些特殊事物、特定內容糾纏在一起，例
如時間就是季節或節令，空間就是方位（東、西、南、北），還沒
有比較抽象的普遍的形式。農業社會、工業社會以及未來的信息
社會，人們的時空感知各不相同，從而對藝術內容和形式，例如
節奏感，便有很大影響。大家都熟悉，農業社會的藝術節奏與今
天有很大不同。可見，不是動物性的個體感知，而是社會性的群
體實踐的間接反映，才是人類時空感知和其他感知的真正特性。
它們構成了某種原始積澱，突出地呈現在藝術作品的感知層中。

　　為什麼不同時代不同民族有不同的工藝品和建築物？為什麼
古代的工藝造形、紋樣是那樣的繁細複雜，而現代的卻那麼簡潔
明快？這難道與過去農業小生產和今天的工業化大生產、生活、
工作的節奏沒有關係？為什麼當代電影的快節奏、意識流以及遼
闊的現實時空感和心理時空感，使你感到帶勁？因為這種時空感

---

2 參看《批判哲學的批判》第 3 章。

和節奏感反映了一個航天飛行的宇宙時代的來臨，它有強烈的現時代感。這些便是屬於藝術形式感知層中的原始積澱問題，即主要是呈現在藝術外形式中的時代、社會的感知積澱。

　　但藝術作品的形式層不止是原始積澱，儘管原始積澱是其中極為重要的方面、內容和因素。如「美感」講中所指出，作為藝術作品的物質形式的材料本身，它們的質料、體積、重量、顏色、聲音、硬度、光滑度等等，與主體的心理結構的關係，也構成藝術作品訴諸感知的形式層的重要問題。就從最單純最基本的質料講，同一雕像，採用黝黑粗糙的青銅還是採用潔白光滑的大理石，便給人或強勁或優雅的不同感受。假如維納斯塑像是青銅的，巴爾扎克塑像是大理石的，給我們的感知將是什麼樣呢？肯定不是現在的藝術效果。國畫是用絹還是用紙，照片是用黑白拍還是用彩色拍，不同物質材料作為作品外形式，直接所訴諸人們的感知，其中大有講究。

　　藝術品的體積也很重要，西方教堂內部既空闊又高聳的空間，使你一進去就受到震撼。為什麼佛像、菩薩要做得很大很高，它們巨大的體積給你一種壓迫感，覺得自己很渺小，這樣才能使你體驗到它們法力無邊，神通廣大。至於聲音、重量等等，也是如此。包括在文學中，聲音對審美感知便起很大作用。中國的詩詞一向講究鍊字，其中便包括字的聲音，如春意「鬧」、「推」或「敲」等等有名例證。以及如高音與光明、低音與黑暗等等，也都說明由藝術形式訴諸感知所造成的各種感知間、感知與情感間的複雜豐富的同構感應關係。上講已經講到，中國詩文特別強調

朗讀。因為通過朗讀的聲音,來實現形式訴諸感知的節奏感、速度感、韻律感。五律之凝重,七律之流動,絕句的快速,古風的浩蕩,駢文的對稱,散體的舒暢……,韓愈文章的陽剛雄健,歐陽修文章的陰柔溫厚,王安石文章的峻險廉悍,蘇東坡文章的吞吐汪洋……,便都是這個訴諸人們感知的藝術的形式層。亦即是說,人們通過所謂「文氣」的領會把握,以感知美的形式,這形式不是邏輯思維的認知,而只有通過感性知覺去掌握會通。通過朗讀,才能感知、領會和把握到這種種不同的藝術形式及形式美。中國書畫創作在基礎階段,特別重視模仿,也正是為了直接掌握、領會和熟悉這種美的形式,即藝術的感知形式層。中國古代許多學問都講「氣」,哲學講「氣」,中醫講「氣」,文藝也講「氣」。「氣」是精神的還是物質的?這很難說,但它的基本特徵是一種訴諸感知的生命力量。曹丕說:「文以氣為主,氣之清濁有體,不可力強而致。譬諸音樂,曲度雖均,節奏同檢,至於引氣不齊,巧拙有素,雖在父兄,不能以移子弟」(《典論·論文》)。可見「氣」包括上述韓、歐、王、蘇的文氣在內,都既與人的生理有關,也與物質質料和結構(詩文的字、句)有關。前者也只有通過後者才能具體實現或表現出來。這種不是來自內容而是來自形式結構的「氣」(其靜態則稱作「勢」),亦即作品自身的構圖、線條、色彩、韻律、比例、虛實(中國畫中的空白,中國古文中的虛字如〈醉翁亭記〉著名的「也」字)等等,能直接影響人的心理,甚至比來自內容的東西更具有力量,它不需要具體的理解、想像和具體情感的中介,而直接喚起、調動人的感受、情感和

力量。

　　藝術家的天才就在於去創造、改變、發現那嶄新的藝術形式層的感知世界。記得歌德說過，藝術作品的內容人人都看得見，其涵義則有心人得之，而形式卻對大多數人是祕密。對藝術的革新，或傑出的藝術作品的出現，便不一定是在具體內容上的突破或革新，而完全可以是形式感知層的變化。這是真正審美的突破，同時也是藝術創造。因為這種創造和突破儘管看來是純形式（質料和結構）的，但其中卻仍然可以滲透社會性，而使之非常豐富充實。阿海姆的理論強調也是這一點，即指出用感知形式所表達的內容與心理情感產生同構而具有力量。在日常生活中，合十表示誠靈、躬腰代表禮敬、頭顱上抬或下垂表現高傲或謙卑，不通語言和不同文化，都可領會；藝術正在把這種「人同此心，心同此理」的結構形式發掘、創造、組織起來，便感知形式具有「意義」。可見藝術作品的感知形式層的存在、發展和變遷，正好是人的自然生理性能與社會歷史性能直接在五官感知中的交融會合，它構成培育人性、塑造心靈的藝術本體世界的一個方面，儘管似乎還只是最外在的方面或層次。

　　照相之所以永遠不能替代再現性繪畫，原因之一便是人手畫的線條、色彩、構圖不等同於自然物，其中有人的技巧、力量、線條、筆觸等純形式因素，能給人以遠非自然形式所能給予的東西。齊白石、馬蒂斯的色彩便不是古典的「隨類賦彩」，並也不是自然界的色彩，而是解放了的色彩的自由形式，是人的自由形式。它不只有裝飾風，而且有深刻的意味。即是說，它直接顯示人，

顯示人的力量，從而使構圖、線條、色彩、虛實、比例⋯⋯本身具有藝術力量和審美意義。

因之，藝術作品的形式層，在原始積澱的基礎上，向兩個方向伸延，一個方面是通過創作者和欣賞者的身心自然向整個大自然（宇宙）的節律的接近、吻合和同構，即前講中講到的所謂「人的自然化」，這不但表現為如中國的氣功、養生術、太極拳之類，同時也呈現在藝術作品的形式層裡，前面講到的「氣」以及所謂「骨」、「骨力」等等，都屬此範圍。它們並不是自然生理的生物性的呈現，而仍然是經過長期修養鍛鍊（從孟子的所謂「養氣」到後世的所謂「骨氣」）的成果[3]。藝術作品的形式層這個方面極力追求與宇宙節律的一致和同構，中國美學所強調的文即「道」，以及「技進乎道」、「鬼斧神工」、「雖由人作，宛自天開」等等，都是說的這一方面。這一方面完全不是自然生理的動物性的表現或宣洩，而恰恰是需要通過長期的高度的人為努力才可能達到。雖自然，實人力，人通過自己的刻苦努力，才可能去「參天地，贊化育」。中國詩文書畫大量材料都在說明這一特點。

形式層另一方面的伸延則是它的時代性社會性。這種時代性社會性已不同於原始積澱，而是與原始積澱有或多或少的聯繫的時代。社會所造成的形式變異，這種變異當然與社會心理有關，如上講談「悅耳悅目」時所已指出。

例如，在「美」講中所提到的沃林格所揭示的現代藝術的抽

---

3 參看李澤厚、劉綱紀：《中國美學史》第 2 卷。

象形式，與當代社會生活及社會心理便密切攸關。韋列克 (R. Wellek) 曾談論各種文體與社會心理的關連[4]。沃夫林 (H. Wöfflin) 從形式方面揭示了文藝復興時代和巴洛克時代的造形藝術的不同風格特徵，一種是穩定的、明晰的、造形的、理智的⋯⋯，一種是運動的、模糊的、如畫的、感受的⋯⋯。前者處於心靈歡樂的時代，後者處於心靈隔絕的時代[5]。不同時代之所以有不同風格、不同感知的形式的藝術，由於不同時代的心理要求，這種心理要求又是跟那個時代的社會政治生活聯繫在一起的。在我國古代的文藝現象中，五言為何變七言，七言之後為何又有長短句（詞）？詩境、詞境、曲境的不同究竟在何處？為什麼繪畫中以青綠山水為主演化為以水墨為主？為什麼工筆之外，還要有潑墨？這種種看來似乎只是外感知形式的變化，實際有其內在的心理－社會的深刻原因值得深究。例如詩詞都比較強調含蓄，曲卻要求酣暢痛快。宋詞之所以讓位於元曲，是因為在元朝統治下知識分子的地位太低下，加上溫柔敦厚的儒家教義的控制削弱，於是他們的滿腹牢騷滿腔悲憤便能無顧忌地痛快發洩，使曲境變而為暢達。總之，社會性通過藝術形式層訴諸感知，構造著某一時代社會的心理本體；同時反過來說，這一時代社會的心理－情感本體也就凝凍地呈現在藝術作品的形式感知層中，又不斷流傳下來，不斷影響著、決定著人們的心理和感知。這就構成了藝術

---

4 參看 R. Wellek, *Literary Theories*.

5 參看 H. Wöfflin, *The Principles of History of Art*.

形式層的傳統。

貢布里奇的美術史研究清晰地驗證了造形藝術的形式層對視知覺的歷史性的構造。不但一定的形式感知與一定的歷史社會相密切聯繫，而且後代的藝術的形式感知也總是在前代基礎上的繼承和延續。不同時代、社會由於社會的、宗教的、倫理的、政治的、商業的……不同原因，而產生藝術形式感知層的不同的節奏、韻律、比例、均衡……，同時在這種變異、不同中卻又有某種延續性、繼承性、沿襲性。從而，一部藝術風格史便正好是一部人類的或民族的感知心理的歷史。

這部歷史包含了原始積澱的基礎方面，也包含了向自然伸延的宇宙同構的方面，還包含了社會具體生活以至意識形態（宗教、倫理、政治、文化……）的影響方面，這三個方面又是那樣錯綜複雜地在交織組合，形成一幅幅極為壯觀的審美圖景，不斷地共同地建構著這個藝術主體亦即人類心理—情感本體的物態化的客觀存在。它們正是人類的心理—情感的現實的偉大見證。藝術風格史的哲學美學的意義，就在這裡。

 形象層與藝術積澱

如果說，藝術作品的形式層與人們心理的「感知人化」相對

應，那麼，藝術作品的形象層則大體與人們心理的「情欲人化」相聯繫。而它的審美成果卻表現為藝術積澱。

形象層與形式層或形象與形式，其區分是相對而含混的。大體來說，所謂形象或形象層，一般指藝術作品所呈現如人體、姿態、行為、動作、事件、物品、符號（十字架、卍等）、圖景等可以以語言指稱的具象或具象世界。它們構成所謂再現性藝術作品的題材、主題或內容。各種所謂模擬論、反映論的美學，從亞里斯多德到盧卡契，也大都以此類藝術作品，亦即藝術作品的形象層為基礎或依據。

有如上節所談，審美不等於藝術且先於藝術；那麼，藝術又如何源起或起源於何處呢？本書同意藝術起源於巫術，是從巫術中分化出來的觀點。藝術作品的形象層充分證明著這一點。

藝術不等於審美，審美沒有實用目的，不是故意追求的結果，是從生產勞動等實踐活動中自然而然得到的。藝術不然，它有很明確的實用的功利的目的。它本源起於遠古先民的巫術禮儀活動，西方如此，中國亦然。審美起於勞動，藝術起於巫術，二者並不同源。

巫術對原始人來說，是非常重要的、獨一無二的「上層建築」；原始人類沒有它，就難以生存。巫術（禮儀）通過原始歌舞即圖騰活動，一方面模擬各種生產活動，把生產活動中分散的東西集中起來，在操練、演習、回憶的過程中，鍛鍊培養原始人的生產技能，另方面又使群體得到了協同、合作的鍛鍊、演習。在巫術的活動中包含著科學的成分、宗教的成分和藝術的成分，在

當時起著把人群團結起來、組織起來、鞏固起來並延續下去的作用，它的社會意義是多方面的。

中國最早的音樂、舞蹈、詩歌都是從巫術中產生出來的，它們都圍繞著祭神。為什麼很久很久之後乃至今天，某些少數民族的酋長、巫師口中念念有詞地講述他們部族的歷史？這就是因為只有通過巫術、禮儀、神話、史詩、傳奇，才能組織群體，動員群眾，並把經驗保持和流傳下來。所以盧卡契說藝術是人類的一種記憶，是人類的自我意識，我認為是深刻的。藝術不是為審美而出現或創造的。

但是，就在這種原始的巫術禮儀中，由於把原始積澱中分散零亂的感受，加以集中運用，構成了巫術禮儀的感性形式的方面。如原始舞蹈把狩獵過程模仿得很簡練，用現代的語言來說，也就是加以典型化，賦予它以「藝術形式」，這樣就使人們的審美心理的成長變得集中和自覺了。因此雖然藝術不等於審美，但審美能力在這種活動中卻得到更加集中和遠為迅速的發展。巫術後來一分為三，反映認識客觀事物的方面分化發展為科學，強制、動員、組織群體活動的方面分化發展為宗教、政治體制和道德規範，而其過程形態的形式方面則發展成為「藝術」。這個過程形態主要是對現實生活、生產的現象性的模擬活動，亦即形象。

原始巫術禮儀是很嚴格的。中國的《儀禮》記載有各種嚴格的規矩、儀式，如，死了人怎麼辦，用什麼儀式，有什麼樣的繁複的規矩格式；來了客人怎麼辦，怎樣分賓主座位，行什麼禮等等，規定得十分細密嚴格，這其實正是原始巫術禮儀的遺跡。在

巫術中很忌諱把儀式弄亂，認為任何步驟一亂，就不吉利，就要產生災難。為什麼古代巫術禮儀要求那麼嚴格呢？因為只有這樣，才能鍛鍊人們保持一定的秩序，為社會群體生活所必須。另方面，從內在講，因為原始人的動物性情緒尚未「人化」，常常非常狂熱、激昂、衝動、急烈，因此需要對感情的東西加以社會的理性的節制。中國古代的「禮」、「樂」並稱，便是原始巫術的分化發展。「禮」管人們的行為，其中形式方面（如禮儀）便包含著藝術和審美。「樂」更是使感性的東西和理性的東西融合在一起，以完成對感情的塑造。中國古代音樂理論認為，「夫樂，樂也」，同時又認為，「樂以節樂也」。即一方面滿足人的情欲快樂，另方面又節制、控制和組織它[6]。這種最早的陶冶性情、建構人性，便是通過詩、歌、舞三位一體的原始巫術活動的「藝術形式」出現的。這形式便不只是訴諸感知的形式層，而是有著具體生活的想像內容，從而經常是訴諸情欲的形象世界，即它展現為一個有著具象內容的、由活動到靜觀（由詩、歌、舞到原始雕塑、洞穴壁畫）的藝術世界。

不僅原始歌舞音樂是具象的（最早的音樂不能與舞蹈分開，作為巫術的舞蹈有其實用功能的具象內容和意義），而且原始雕塑和繪畫也是具象的。

一個很有意思的現象是，無論在巫術禮儀中、原始詩歌中、舞蹈中，以及在音樂中，都有一種形式重複的特徵。孔子聽音樂，

---

6 參看《華夏美學》第 1 章。

「必使反之，而後和之」。《詩經》裡的詩許多都是三復其言，一唱三嘆。小孩聽故事，你講完了，他卻要求再講一遍。大人聽了一遍，再聽就覺得沒意思了，但小孩卻老要求再講，小孩願聽幾遍好聽的故事，而不願聽一遍乏味的故事。為什麼？因為在聽的過程中調動了他的各種心理功能，這裡有高興，有悲傷，有希望，有害怕……，它們諧和地配置組合起來，他覺得很滿足，很愉快，所以就老叫你「再講一遍」。童話之於今日兒童，正如神話、音樂中的重複之於古代人類。為什麼神話裡有那麼多的重複？為什麼音樂裡也如此？都是因為通過反覆，才能更好地塑造人的心靈、陶冶情欲，以構成和建立新感性。而這種塑造和建立，固然仍然是在建立心理形式（物態化為藝術的格律、程式等等），但它又跨越了感知形式的層面，日益進入與內在情感欲求相關的心理領域了。

於是，比藝術作品形式層更進一層的自然生理性能與社會歷史性能的交融會合，就構成藝術作品的形象情欲層。它在文學和許多再現性藝術中，主要呈現為藝術作品的眾多種類和形態的形象世界，因此，對藝術形象層的分析便不能停留在故事情節和人物性格的表面論述上，而要注意到在表面形象（人物、事件、情節、圖景、典型、意境等等）下的意識和無意識的深層結構。正是在這些深層結構裡，積澱著、成長著人的內在心靈，這心靈的很重要的部分即是人化了的情欲。正是它，成為人的生命力量在藝術幻相世界中的呈現。這種所謂人的生命力量，就既有動物性的本能、衝動、非理性的方面，又並不能完全等同於動物性；既

有社會性的觀念、理想、理性的方面，又不能完全等同於理性、社會性，而正是它們二者交融滲透，表現為希望、期待、要求、動力和生命。它們以或淨化、或衝突、或平寧靜美、或急劇緊張的形態，呈現在藝術的幻相世界的形象層之中，打動著人們，感染著人們，啓發、激勵和陶冶著人們。上講已指出，杜威曾認為藝術或美感不過是人們日常生活經驗的高度完善而已，並無特殊之處。注重日常生活經驗與審美經驗的密切關係，指出在日常生活經驗中不僅可以達到而且普遍存在審美，這是很有道理的。它符合藝術日益群眾化、藝術日益滲入日常生活的現代特徵；但是，也正由於我們日常生活的經驗總是有限的、短暫的，甚至是殘缺的，它們局限在一定時空範圍內。於是人們便更希望從藝術的幻相世界中去得到想像的滿足。人在藝術的幻相世界中常常由同情而願意變成作品中的主人翁，自己變成了另一個人去經歷生活，小孩變成了孫悟空，青年變成了林黛玉、于連、克利斯朵夫……。藝術作品中時空的倒轉、變幻，都擴大了自己對生活的參與，增強了對生命和潛能、情欲和願望的實現，當然更加強了對人生的感受和體驗。甚至這對於身體的生理健康，也有重要作用。藝術的形象情欲層使人擴展了生活，加強了生命，實現了自己。

　　所以，儘管已經有各種高級的文藝作品，為什麼人們，包括許多有高級文化教養的「精神貴族」，仍然一直願意看武俠小說、神怪小說、偵探小說、驚險小說？儘管可以看完就忘，卻仍然不被淘汰，而且有增無減？這種商業文化效益已成為社會生活中和「藝術」作品中的不可忽視的部分。這就是因為這些驚險、武俠、

神怪小說中的俠客飛岩走壁，神仙的騰雲駕霧，妖怪的成精變人，是在現實生活經驗中看不到、感受不到的。偵探小說中謀財害命，死裡逃生，在一般日常生活也是難以經歷的（當然讀偵探小說還有推理的知性愉快），所以看起來挺帶勁。人們生活越呆板，越單調，見聞越少，便越願意觀看這些東西。這正如戰場回來的士兵寧願欣賞輕鬆的喜劇，得意的闊太太和嬌小姐卻喜歡看艱難困苦令人掉淚的悲劇一樣，都是通過藝術幻想的形象世界，表現了人們希望從自己日常經驗中突破出來，擴展生命。有些藝術作品儘管審美價值不大，甚至很難說是什麼「藝術」，但由於它們能滿足人們的上述需要，像有些電影、小說、曲藝（如相聲）等等，並沒有什麼重大的社會或審美的意義，但讓你跟著這個幻想世界中的形象（人物的命運、故事的情節、時空的圖景……）而高興、歡樂、悲傷、緊張……，它們把喜怒哀樂等日常生活經驗，組織得很好，有高低起伏，有張有弛，調動你的感知、情感、理解、想像各種心理功能，引人入勝，使你感到津津有味。在這個過程中，你的心靈、情欲、興趣甚至性格就不自覺地受到了感染、活動和培育塑造。人的精神需要正如物質需要一樣，是多元的多方面的，是豐富複雜和不斷變化發展的，它需要各種文化養料來滿足它、餵養它、培植它。各種不同性質、不同類型、不同層次、不同等級的文藝作品，通過其各種不同的形象層，起著這個作用。

藝術作品的形象層世界既是如此一個千變萬化、無奇不有、五彩繽紛、琳琅滿目、具有不同層次不同等級的幻相世界，那當然不是這樣一篇短短的演講所能講明白的。下面，便只準備提出

在各個不同層次不同等級不同類型不同性質的文藝作品形象層中，經常共同呈現出來的幻象，也就是人們常說的所謂「永恆主題」來討論一下。所謂永恆主題，如果按弗洛伊德晚年的生本能與死本能的觀點，可以粗略地分為愛（性愛、母愛）與死（戰鬥、死亡）兩大方面。這兩者當然也是經常聯繫、滲透或轉換著，而其共同特徵卻正是它們一方面具有極其強大的原始本能的非理性和動物性因素、成分和性質，另方面又由於社會性和理性的滲入和積澱而表現為豐富複雜的人生。

的確，古往今來，中西歐亞，千萬種文藝、千萬個文藝作品都圍繞著性愛、母愛、戰爭、死亡這些主題旋轉。從單純的民歌和民間故事，到高級的上層貴族的藝術作品，從繪畫、雕塑、音樂、舞蹈到詩歌、文學、戲劇、電影，幾乎到處可見這些主題，其中又特別是性愛主題。為什麼？很清楚，只要是有血有肉的感性生命的存在，他（她）就有性的本能欲求，正如他（她）有吃飽肚皮的食的欲求一樣。他（她）就要滿足這個情欲，不僅在現實的生活中，而且在藝術的幻想中。但是又由於人不僅是感性本能的生命，同時又受制於社會性的理性存在，問題便變得十分複雜了。正如對食的動物性的需要，表現在文藝上，不僅是「饑者歌其食」，而且也是「勞者歌其事」；不僅是《綠化樹》裡的飢餓的描寫，而且是《暴風驟雨》中階級鬥爭的殘酷。性愛也是這樣，它不僅僅只是滿足個體本能欲求的需要，而且又是繁殖種族、維繫社會存在發展的手段，所以文明史上就有各種婚姻形態、制度和禁忌、規範。表現在文藝上，例如對性器官的歌頌、膜拜，從

遠古起，便具有社會種族的甚至具有神聖性的觀念涵義。從仰韶彩陶，到《詩經》，直到近代，均以魚來祝福種族繁殖的崇拜、喜愛，也如此。從一開始的人類的藝術世界中，動物本能性的情欲便滲入交織著種族（社會集體）的觀念符號內容，個體行為（如性行為）同時有其群體的價值、作用和意義。藝術作品本是為群體的需要而創作而存在的，但它必須通過與個體情欲有關的方面交織積澱在一起而呈現出來，因為只有這樣，才能真正影響個體的身心，才能組織個體於群體中。以後，隨著社會性、理性、觀念意識的巨大滲透，性愛甚至能昇華為一種純精神的愛戀。好些偉大的文藝作品即使很少有性的直接描寫，卻仍然是愛情文學的頂峰，如許多抒情詩篇，如《安娜·卡列尼娜》，如賈寶玉與林黛玉、羅蜜歐與茱麗葉等等。但不管如何「乾淨」，其實在的基礎又仍然是異性相吸。離開了動物性原始本能，也就沒有愛。正如離開了食的本能欲求，也就不會有階級衝突、革命戰爭一樣，儘管後者已經是完全昇華了的形式，似乎與前者無關了。

劉再復有一篇文章，對司湯達的《紅與黑》中的性愛作了如下分析：

在于連對瑞那夫人的征服中，既有真實的愛，這種愛在他的潛意識層中滾蕩著，也有虛偽的愛，這就是他只不過通過對瑞那夫人的占有來達到虛榮的滿足和對社會的報復。而瑞那夫人的人性深處也是充滿愛的歡樂和愛的痛苦的搏鬥，她要愛，但又對這種愛的代價感到恐懼，她心中有一種力量要推開愛，而另一種力

量又逼使她緊緊拖回這種愛，當于連第一次占有了瑞那夫人的那個夜晚，于連走向瑞那夫人的房間時是比走向死亡還要痛苦的，而瑞那夫人呢？她看見于連像鬼魂似的出現的那一忽兒，心中起了死的恐怖，但是這種憂懼，不久為最殘酷的痛苦所蒙蔽了。于連的哭泣與絕望，都使她心碎。甚至於，當她什麼要求也不再拒絕的時候，她真實的憤怒，使她用強力將于連推開得很遠，但是頃刻間，她又自動的投入了他的懷抱裡了。在他們一切的行為裡，自然得很，絲毫沒有固定的計畫。她覺得自己該受到詛咒，罪無可赦，她努力逃避地獄裡可怕的光景，為了這個，她對于連表示出最溫柔最熱烈的愛撫。當于連回到自己的房間後，瑞那夫人的內心的拼搏仍未停止；「她心裡的歡樂，還沒有減退，雖然她在痛苦，雖然她心中的矛盾和懊悔已經把她的心撕得粉碎」。在這些描寫中，我們看到瑞那夫人把本來隱藏得很深的情感世界是這樣驚心動魄地展現在我們的面前，這裡有愛的欲求與對愛的恐怖的對抗，有愛的幸福感與愛的罪惡交織，有極度歡樂與極度痛苦的碰擊，有天堂與地獄的雙重呼喚。在這個高貴的女人的人性的世界中，道德的力量是這麼強大，這種力可以「將于連推得很遠」，但打破道德鎖鏈的力量也這麼強大，頃刻間又把她拉向愛的深淵，「她又自動地投入了他的懷抱了」。這天夜晚之後，她的搏鬥又一波高向一波，「撕裂她的靈魂的衝突掙扎，變得格外可怕了」。而于連呢？他的整個內心搏鬥過程我們無法重述，不過司湯達也這樣告訴我們：「于連的心裡，一向是為懷疑和驕傲兩種觀念痛苦著，他正需要一種自我犧牲的愛情，可是在這樣偉大的、無疑的、

每時每刻都會有新的犧牲的面前，卻使他的這兩種觀念不能撐持下去了，他敬愛德·瑞那夫人，『她枉自尊貴！我是工人的兒子？但是，她愛我……我在她的身旁，不是一個兼任情人的僕人』，一旦這恐懼離開他的心裡之後，他便墜入瘋狂的戀愛裡和愛情的劇烈震撼裡。」在于連的人性深處，一方面並沒有真正的愛，因為在他對瑞那夫人的情欲中帶著功利的打算，帶著一個貧窮工人兒子對貴族等級的報復，帶著不可告人的目的，另一方面，他又有愛，甚至有敬愛，他覺得自己真實地熱烈地愛著，是個真實的情人，不是兼任情人的僕人，此時，他的功利打算又離開了他，在他們的熱戀中只剩下純粹的瘋狂的愛了。人的內心世界就是這樣充滿著矛盾，充滿著各種可能性，但正是這樣，在文學藝術中，人性才表現出它美的魅力。……

「愛，既有生物性，又有社會性；既不合理性，又合理性，既有自我擴張，又有自我克服；既有自我滿足，又有自我戰勝。在愛裡，常常展開著靈與肉、善與惡、理性與瘋狂、理想與現實、失望與希望、利己與利他、歡樂與痛苦、仁慈與殘忍的搏鬥。人處於愛的面前，有時是主人，能夠支配自己的情感和命運，有時則是奴隸，表現出理智和意志的力量完全被情感所擺布，只能在愛面前呻吟與歌泣，因此，在愛面前，人有時顯得崇高，有時顯得卑下，有時變得很美，有時變得很醜。因為愛情帶有無限的可能性，總是波瀾起伏，極不確立，找不到愛的『恆定狀態』，因此，文學才有審美創造的廣闊空間。」[7]

　　司湯達的描寫是真實可信的，在這裡，愛有動物的情欲面，
又有社會的觀念面，有這兩個方面的鬥爭、衝突、痛苦，表現為
所謂「道德」與情欲的對立，又有這兩方面的統一和歡樂；而且，
就有情欲面這一層也有社會觀念（如于連對德・瑞那夫人的占有
欲和報復的觀念），……這樣，就把一個在生物界本來是相當簡單
的性交配行為，賦予了非常複雜的社會性的特定內容，動物性的
原始本能在人的身上便可以達到這麼豐富、複雜、細緻、深刻的
高度。這就正是人性展現和培育，人生的實現和追尋。我仍然堅
持，人性既不是絕對的感性（動物性），也不是絕對的理性（神
性），而是感性與理性、自然性與社會性的統一。所以我一直反對
兩種傾向，一方面反對縱欲主義，把人性歸結為動物性，把描寫
性行為當作人性的發現或解放（不排斥在特定歷史條件這種描寫
可以起人性解放作用）；另方面反對禁欲主義，把人性歸結為神
性，像文化大革命「樣板戲」中的女英雄不是「貞潔」的寡婦便
是永不動心的鐵姑娘。與前述的永恆主題恰好相反，這樣的文藝
作品違背人性，不利於心靈的陶冶和塑造。歷史告訴我們，與極
端禁欲主義並行的，必然是極端的縱欲主義。與宋明理學的道學
家並行的，是《肉蒲團》之類的性文學的發達，與基督教苦行僧
同在的，是《十日談》裡的神父。中外古今，如出一轍。

　　關於母愛的永恆主題也如此，這裡就不講了。關於生死主題，
也不多講了。簡單說來，生本能除了性本能外，還有自我保存的

本能，等等。為什麼老人喜歡小孩？為什麼安娜失去沃隆斯基，林黛玉失去賈寶玉，就必然會死，人們很同情而且還讚賞；但學少年維特的自殺的人卻比情殺案要少得多？為什麼男人一般愛看武打電影，女人一般喜歡言情小說；男孩喜歡玩刀弄槍、作戰爭遊戲，女孩卻喜歡洋娃娃、「過家家」；女性的失去感和「我能生」，男人的占有欲和衛群任務……，所有這些似乎是「上帝」給動物族類本能的深刻安排，卻又是人類社會生存發展的必然「使命」。這裡面就有深刻的哲學和美學問題。

總之，人生活在一個語言的世界裡，生活在一個物質生產和人際交流的世界裡，生活在一個思想意識的世界裡，所有這些世界都是公共的、群體的、社會的，那麼個體究竟在哪裡？真正的自我究竟是什麼？人怎麼能夠一直作為工具或在工具支配之下(不管是物質工具還是符號〔語言〕工具)而生存而生活呢？

於是回到了動物性，回到了那真實的情欲和生命，因為只有這些，才是一次性的「我」的存在的實體所在。

但動物性的生存實體只是動物，而不是人，也不是詩。那麼人和詩如何存在呢？

於是又回到上面講的那個統一。動物性與社會性的統一，即自然的人化，建立新感性等等。關鍵在於這統一、這人化、這感性只有在和只能在個體生存中來實現或呈現，它才不等同於、不回歸於公共的普遍的邏輯世界、語言世界、工具世界，它才不失去「我」。而這，便只有藝術世界才可能擔任，只有藝術才能陶冶情性、塑造心靈；普遍性的邏輯語言不能替代動物性的實體血肉，

不能替代生命、情欲，那生本能與死本能，那性愛和母愛。

　　從藝術作品的形式層可以測量、探究「感官人化」的尺度，從藝術作品的形象層也可以探測「情欲人化」的尺度。

　　男孩由以前弄棒使刀到今天玩手槍弄火箭，其生物性的本能情欲隨時代社會的變化發展，採取了不同的形態樣式，並且變得愈來愈細緻和精巧了。死也是這樣，動物就害怕死，牛羊面臨宰割時也要哀號，這是一種為求保存個體的生物性的恐懼；人作為感性生命，當然也有這種恐懼，得知身患絕症必會產生這種恐懼，「死生亦大矣，豈不痛哉」，「自古艱難惟一死，傷心豈獨息夫人」。但又有臨危不懼的好漢，槍林彈雨中的英雄，置生死於度外的志士仁人，「存吾順事，歿吾寧也」的道學先生，社會性可以戰勝、克服、壓倒生物性。而人性便正是在這兩方面劇烈衝突對立又相互取得和諧中，得到豐富和發展。藝術的幻相世界裡呈現出的這種衝突或統一，就正是對人性的培育和薰陶。例如現代存在主義通過把個體感性存在的一次性特徵的突出，亦即對死亡的突出，使人的生的精神反而變得更加深沈、執著和強烈。同樣，現代的心理現實主義和心理時空的突出，也顯示了個體作為主體的重要地位。本來，人只能活一次，所以每個人都是重要的。千萬個個體都應該取得自己的主體地位，不再是英雄主宰世界、帝王統治群氓、人只是盲目的工具和機器。每個人都應該把握自己每時每刻的此在，去主動地選擇、決定、行動和創造。並且，人要活著，就得奮鬥，海明威 (E. Hemingway) 的《老人與海》之所以扣人心弦，也正表現了生的力量，即使是孤獨的生、寂寞的死。

所以不必要害怕死亡、悲劇的結尾……，許多東西毀滅了，人物、事件消失了，沒有時間了，但實際卻在人們心裡活著、延續著，占據了人的心理時間。尼采論悲劇時曾認為，宇宙的可怕的毀滅性進程導致悲劇，但悲劇快感正在於生命之不可摧毀。悲劇實際是最深刻最強大的生的頌歌。從原始時代起，對死亡、葬禮的活動和悲歌便是將動物性的死亡恐懼予以人化，它用一定的節奏、韻律、活動等形態，將這種本能情緒轉化為、塑造為人的深沈的悲哀情感，實際豐富了生命，提高了生命。對性愛、親子愛（母愛）等等，也如此。動物性的本能情欲、衝動、力量轉化為、塑造為人的強大的生命力量。這生命力量並非理性的抽象、邏輯的語言，而正是出現在、展開在個體血肉之軀及其活動之中的心理一情感本體。也正因為此，藝術和審美才不屬於認識論和倫理學，它不是理知所能替代、理解和說明，它有其非觀念所能限定界說、非道德所能規範約束的自由天地。這個自由天地恰好導源於生命深處，是與人的生命力量緊相聯繫著的。

這就是對藝術作品的形象層應作具體歷史的深入探求的問題。

因之，藝術形象層所呈現所陶冶的，是更為內在一層的人性結構。它既是情欲（動物性、原始本能）與觀念（社會性、理性意識）的交錯滲透，如前講所說，美學便應該從已經物態化了的藝術世界中去探索其複雜的性質、功能和型態。動物性的原始本能千萬年來都一樣，但藝術作品卻如此紛繁複雜千變萬化，莎士比亞再好，今天和明日都需要新的作品。這就說明動物性和社會

性這兩者之中，誰是更重要的方面。馬克思說，同是飢餓，但用刀叉和用手來解決的飢餓，卻是不同的飢餓。其實，性愛的問題也是這樣。這才是歷史具體的人性。

　　所謂動物性的本能、情欲，當然涉及無意識問題。在藝術作品的形象層中，它經常呈現為無意識（普遍）與有意識（特殊）之間的極為錯綜複雜的關係，無論是創作或欣賞，都如此。例如，形象的變形、重疊、濃縮等等，便有如（當然並不相同）做夢，夢中的人，像是這個人，又像是那個人，重疊在一起，有時多種多樣的形象又變成了一個東西，或一個東西同時又成為另外一些東西，它們往往不符合現實生活的邏輯和日常理智的考慮，不遵守形式邏輯的思維同一律（A 是 A）。這種創作中違反日常邏輯的非自覺性便是我講「形象思維」時說的「以情感為中介，本質化與個性化的同時進行」。既然承認情感常常推動想像，情感中就有無意識的欲念因素，例如某種不可言說的衝動，這也就包含在「個性化」之中 [8]。所以，藝術作品的形象層的幻想世界經常具有多樣性、朦朧性、寬泛性、非確定性、不可解說性，是這個又是那個，是 A 又不是 A 等等，它「大」於一般的邏輯思維，包含著無意識和非自覺性。這種創作和欣賞狀態，如同感知形式層一樣，常常不可傳授。只有經過自己親身活動去積累，才能夠真正感受到、體會到它的存在。

　　形象層的情欲與觀念的交織可以有許多不同性質、形態和種

---

8 參看《美學論集》關於形象思維諸論文。

類。即使藝術中觀念性極突出的象徵符號（如十字架、曼陀羅、松梅竹菊「四君子」以及《格爾尼卡》中的受難的馬、殘暴的牛等等），其中既有觸及有意識層的理性反應（如上述的「四君子」），也仍有觸及無意識底層的原始反應（如曼陀羅）的不同形態和種類。後者所包含的情欲面與前者大不相同，而更為重要。但正如講「悅心悅意」所已提到，審美和藝術又絕不止於滿足動物性的本能、情欲，在這基礎上還可以有許多與本能、情欲距離很遠甚至完全無關的心意快樂，正如人們欣賞自然風景不一定要與性欲相聯繫在一起，創作和欣賞許多藝術作品的形象世界，也不一定與性愛、生死、母愛等等本能情欲密切相關。這也正是豐富了的人性的表現。在自然性生理生存基礎上，人類創造了遠為多樣、遠為複雜、遠為「高級」的需要、享受和滿足，儘管它們最終仍然建築在生物性的生存和生命的基礎上，但又超越了原始的本能情欲或衝動[9]。

例如，藝術形象層中有所謂「典型」。它如同科學的「構架」一樣，是對現實生活的某種概括性的表現。藝術典型的審美特性，無論複雜型的典型（如阿Q、哈姆雷特、堂·吉訶德）或是單純性的典型（如阿巴公、李逵），它們給人以「悅心悅意」的情感感染，卻不一定都能完全歸結為本能情欲，其中包含著認識生活的理性因素，有時還相當突出，不過始終不是知性認識罷了。

前面講藝術作品的形式層是聯繫感知的原始積澱來談。藝術

---

9 參閱《批判哲學的批判》第 4 章。

形象層的變異過程，由於情欲與觀念的交錯，而展現為一種「由再現到表現，由表現到裝飾，再裝飾又回到再現與表現」的行程流變。這即是我所謂的「藝術積澱」。

所謂再現到表現，就是具體的形象變而為抽象的形式，如我在《美的歷程》第 1 章中所講到的那些。

寫實的動物形象逐漸抽象化、符號化而變為幾何紋樣，這也就是，由再現（模擬）到表現（抽象化），它經歷了一個不斷地由內容到形式的積澱過程。雖然巫術禮儀的圖騰形象逐漸簡化而為純形式的幾何圖樣，但它的原始圖騰的涵義不但沒有消失，反而由於幾何紋飾經常比動物形象更多地布滿器身，使這種涵義更加強了。所以，到抽象階段，藝術的內容並不是減少了，而是增多了，這種純形式的幾何圖案所表現的那種巫術內容不是某個具體形象所能代表或能表現得了的。現代藝術也有這種情況。現代派藝術看起來抽象，但它所要表現的內容卻是一些具體的形象所不能表達的、更廣闊、更強而有力的東西。為什麼畢加索要用支離破碎的牛頭、馬身、婦女、兒童等等變形東西，來表現西班牙內戰中法西斯帶來的痛苦與死亡，而不直接畫某個具體場景、形象呢？這就是可能他認為用任何一種再現場景都無法表達那深重的罪惡和藝術家的憤怒。而且具象因素有內容認知的局限性，不能表達更深層的東西。原始時期的藝術由再現（如洞穴壁畫）到表現（如抽象紋飾），常常加深了神祕色彩和恐怖可怕。現代藝術也如此。正如保爾・克利 (Paul Klee) 所說，世界愈可怕，形式愈抽象。「美」講中曾提到沃林格說抽象是生命否定和現實隔絕的表

現。可見，由具體再現到抽象表現，它所表達的內容不是簡單了，減少了，而是複雜了，增多了。在抽象、簡化中所表達的感情內容、想像內容、理解內容是更加複雜和深刻了。

具象藝術的形象是理知的，內容卻是感性的。我們看〈伊凡殺子〉、〈白蛇傳〉，只要先了解了它們是什麼故事，畫的人物姓甚名誰，是幹什麼的，他們的形體動作有什麼意義，你先費一點知性功夫了解它，把畫中情節認識清楚，便能欣賞。因此，它的形象、圖景是理知的，但它的內容卻是感性的，與日常生活距離近，很容易理解、感受和體驗。有的外國人看不懂〈白蛇傳〉，中國人看不懂〈伊凡殺子〉，不是因為畫的內容難以理解，而是因為他們不懂得畫面的故事情節，當他們掌握了故事情節，了解了形象的理知意義，內容也就一目了然，容易感受畫中所表達的情感的、想像的、認識的、意向的內容。

現代藝術恰恰相反，形式是感性的，內容卻是理性的。現代藝術以看不出具體意義的醜陋的、扭曲的、騷亂的形象情景和場面來強烈刺激人們，引起複雜的心理感受，當它直接訴諸人的感官時，從形式看就是這麼些東西，似乎很好了解。但它所表達的內容卻是理知的或超理知的，是非常複雜、難以理解的。所以有人說，自文藝復興到印象派是感性的藝術，是創造幻相世界的藝術。現代藝術是理性的藝術，是否定和掙脫一切幻相的藝術，現代藝術要求畫看不見的東西，看得見的東西還畫它幹什麼？於是，要求超越和否定各種有限，去展示那看不見摸不著（即超越感知）的超越的「本質」、「真實」、「實體」，以證實這個荒誕、離奇、孤

獨、騷亂的世界。印象派主要是光、色彩等等感性印象形象，塞尚 (Cèzanne) 等人認為這不是事物的「本質」、「實體」，「本質」等等當然是更深一層的東西，這樣就有了立體主義、抽象派等挣脫現實現象世界的現代藝術主流。現代藝術由古典規則的完整性（如形象）走向模糊、多義（包括有意無意之間）、非完整（如無形象只有氣氛、情緒），由訴諸感情的感染走向訴諸非概念的理知領會，由美走向醜。在高度異化了的醜的世界中，你畫得太美，使人感到太甜，也就太假了。現代派藝術作品中，醜就是美，其中包含大量的苦、辣，似乎很不舒服，但細細的品嘗後又感到很滿足，成了充滿創傷的現代心靈的同構對應物。抽象藝術的反抗性，傳達了人要求從各種具體圖景的有限世界和情感的包圍、限制和壓迫下脫身出來的強烈意願和欲求，它展現出一條主體欲求的解放之虹，這就是現代藝術的由再現到表現。

　　從積澱和建立新感性的角度看，任何由再現到表現的藝術過程中，人的感性、人對美的感受不是變得貧乏空洞，而是愈益豐富。對同一線條的感覺，在這以前和在這以後大不相同，就如你懂了書法再來畫或再來欣賞國畫一樣。人（人類和個體）通過這個變化而獲得心靈的成長。

　　藝術從再現到表現是個變化，而從表現到裝飾又是一個變化。前面講過，再現藝術以具體形象反映現實，我們很容易了解它的內容。表現藝術給你以抽象，使你難以了解它的內容，只感覺到裡面有意思、有意味，我借用貝爾的話稱它為「有意味的形式」。也就是說，它有某種意義在裡邊，但又不能那麼清楚地講出來。

這種對藝術形象的感受，如「美感」講中所反覆交代，包含了人的多種心理功能的活動，是一種真正的審美活動。徐復觀解釋中國詩文中「文有盡而意有餘」的一段話，可以引用到這裡：

> 意有餘之「意」，決不是「意義」之意，而是「意味」之意。「意義」之意，是以某種明確的意識為其內容；而意味之意，則並不包含某種明確意識，而只是流動著的一片感情的朦朧縹渺的情調，⋯⋯一切藝術文學的最高境界，乃是在有限的具體事物之中，敞開一種若有若無、可意會而不可言傳的主客合一的無限境界。[10]

這裡是指在具象藝術即藝術的形象層中（所謂「在有限的具體事物之中」）所傳達出來的「意味」，而我所謂的「有意味的形式」則包含更為廣闊，更多是指非「有限的具體事物之中」，即純抽象感知形式所傳達所表現出來的「意味」。此「意味」即在此形式，故曰「有意味的形式」。

但由此可見，此「有意味的形式」原可以從那具象的「有限的具體事物之中」演變而來。亦即是說，由再現藝術的具體形象中之「意味」演化而為「有意味的形式」。原始藝術由寫實到抽象，近現代藝術由寫實到抽象，都在一定程度和範圍內，展現了這一行程。

---

10 《中國文學論集》，學生書局，臺北，1980 年，第 114～115 頁。

　　但是這種所謂「有意味的形式」，天長日久，看得多了，普遍化了，就逐漸變而為一般的形式美、裝飾美。從藝術史來看，新石器時代抽象的幾何紋是有著原始巫術禮儀的嚴重的涵義的，是一種「有意味的形式」。但是隨著時代的遷移，歷史條件的變化。這種原來的「有意味的形式」就會因其不斷重複和大量仿製而日益淪為失去這種「有意味的形式」，日益成為規範化了的一般形式美。於是，這些抽象的幾何紋就變成了各種裝飾美的樣板和標本。對它的特定的審美情感也就逐漸變為一般的形式感了。後來各時代的藝術發展也是這樣。開始，表現的、抽象的藝術品是一種「有意味的形式」，隨著時代的變化，原來的內容漸漸模糊了，變成了一種裝飾品，而人們對它的感覺很習慣了，也就忘了這裡面有濃厚的意味，只能朦朧地感到它的某種情調。我覺得現代抽象藝術也正處在這個過程中，一些原來頗有深刻涵義的「有意味的形式」的繪畫、雕刻，日益變成了現代建築的漂亮的裝飾品，人們已經不管它有什麼嚴重涵義，好像就是為了好看，為了裝飾。人們對它的感受已經變成了一般的形式感了。今天無深度、無意味、無主流、無中心的商業藝術和所謂「後現代」文化，便正是這種現象和這個過程的具體呈現。F. Jameson 教授提出的「後現代藝術」(post modern art)，我覺得主要也是這樣。實際上，在所謂「後現代藝術」的紛紜現象中，有兩種實質不同的東西，一種我稱之為「極度現代化」(Extremely Modern)，就是剛才提到的那種無意義無深度無中心的商業化了的現代藝術、波普藝術、過程藝術等等，它們表面上似乎是反現代，實際卻正是現代的極度抒展和直接延

伸，是將現代藝術裝飾化、大眾化、商業化、日常化。另一種是真正的後現代，即指向一個新的藝術階段，它的特徵之一是具有某種「復歸」田園、自然、情感、稠密人際關係以及中世紀風味等等。這兩者中，前者（極度現代化）在當前是主要潮流，後者僅有某些不確定的萌芽而已。當代藝術主要仍處在全面走向裝飾的商業行程中，所以人們提出了藝術消亡的問題。

古典藝術形象層的「意味」是比較和諧、嚴整的，它以優美的形態為主，使人感到比較愉快，比較舒服。當然，崇高和悲劇包含著醜，但基本還不脫古典和諧的大範圍。

現代藝術則是對古典藝術形式的徹底否定，它以故意組織起來的無形象、沒秩序為形式。但從欣賞和諧、優美的東西到欣賞某種故意組織起來的不和諧、不協調、拙、醜的東西，如本書所已再三指出，恰恰是人的心靈的一種進步。相反，如果在現代房間裡掛古典畫，擺太師椅，則會感到不舒服，而掛抽象畫，擺簡單的家具，看著就比較舒服。現代高級家具講究本色，不用油漆，很好看。最初的家具，大概就是不用油漆的，後來，為實用也為美觀，加了漆，現在又不用漆了。表面看來，好像現代藝術和審美是倒退，其實不然，這是中國藝術中常說到的由巧到拙，由熟到生，它標誌藝術的成熟、心態的成熟、情欲的成熟。所以，藝術由再現到表現，由表現到裝飾；從具體意義的藝術形象中的意味，到有意味的形式，從有意味的形式到一般的裝飾美，這就是「藝術積澱」過程，同樣是人類審美心理結構，特別是情欲的不斷豐富和複雜成熟的過程。經過漫長的歷史，藝術日益從外在題

材的束縛中解放出來，成為一種所謂淨化了的「自由的形式」。與此相對應，從情欲宣泄來說，人的審美感受也就變而為一種「自由的感受」，即沒有非常確定認識或意向內容的情感傾泄和感受。

　　藝術與審美正是在這樣一種「二律背反」的運動中發展著。剛才講了，審美不等於藝術，藝術也不等於審美。當藝術變為一種純審美或純粹的形式美的裝飾時期，藝術本身常常就會走向衰亡。這時，藝術為了擺脫這種狀況，便要求注入新鮮的、具體的、明確的內容，而又走向再現或表現。從文藝史可以看到，當形式主義盛行之後，就有人起來造反，要求有具體內容的東西，並要求打破舊的形式美，代以具體內容和新的形式。對形式美的感知追求因有自然生理和社會時代的某些必然制約，所以由表現到裝飾常可有規則可尋，但對它的造反，卻充滿了更多的偶然性和突發性。對裝飾風、形式美的造反，可以通過追求再現具象的方式，也可以通過強烈抽象表現的方式。它們沒有一定之規，但通過追求再現具象似乎更是主要途徑。

　　這樣的事例似乎不少。從洞穴壁畫到陶器花紋再到埃及－希臘藝術，到中世紀，再到文藝復興，到巴洛克和羅可可，再到浪漫派、寫實派又到印象派、現代派，這個歷史行程中似乎充滿著這種流變和運動。抽象表現主義日益成為商業文化的裝飾美和形式美時，並行不悖地興起了極端寫實的照相現實主義，如此等等。在中國，韓愈以「文從字順」、平易寫實的散文來反對已成為所謂「飾其辭，而遺其意」的裝飾風、形式美的駢體；徐渭以寫意花鳥來突破院體的精美形式和工筆裝飾，如此等等。可見，一方面

藝術走向純粹形式、純粹審美，藝術日益等於審美，審美日益變成裝飾。另一方面藝術又要突破純粹形式、否定純粹審美，反對裝飾，要求具有非審美的、社會的（宗教的、倫理的、政治的等等）具體內容。這種矛盾運動有各種複雜的實現形態，又直接間接地和社會的變化、鬥爭，以及不同時代、階級、民族、集團的心理變化有關，這些關係都是非常複雜的。康德的「純粹美」與「依存美」的矛盾的真實根源就在這裡。

當藝術作品的主流完全變成純形式美、裝飾美而長期如此的時候，為什麼人們就會不滿足呢？這就是因為純形式的美畢竟太寬泛，太朦朧了。人畢竟是生物存在的人，同時也是社會現實的人，他要求了解、觀賞與自己有關的時代、生活、生命和人生；人們好些具體的情欲、意向要求具體的對象化，要求有客觀的對應物。如果光是裝飾美、形式美、純粹美，不管如何好，也不可能滿足。所以我強調藝術雖不能離開審美，但又並不等於審美；各種抽象藝術也不能完全替代再現藝術。我們不僅要聽音樂，欣賞書法和建築，而且還要讀小說，看電影。人們需要從小說、電影裡觀賞、領略、感受生活和人生，這是光欣賞書法所不能替代的。曾經有人認為，現代生活如此之緊張繁忙，人們一定沒有時間去看長篇小說。其實不然，在美國、日本，好些人在車上讀長篇小說。人們還是希望從小說裡感受到人生，這是吟風月，弄花草，看書法，聽音樂甚至連看電影也代替不了的。看小說有更多的想像和抒情的自由，從而更能滿足個體那許多具體的情欲、觀念、意向和理想。可見，藝術潮流和眾多作品從再現到表現，從

表現到形式美、裝飾美，又由這些回到具有較具體、明確內容的再現藝術或表現藝術。此消彼長，此起彼伏，推移衝突，好不熱鬧。它們實際亦即是藝術積澱（內容積澱為形式，形成具體的形式，即由再現和表現到裝飾）和突破積澱（由裝飾風、形式美再回到再現或表現）的運動過程，亦即人的情欲、生命由形式化又突破形式化的永恆矛盾的過程。這也就是藝術與審美的「二律背反」的現實的和歷史的過程。如同裝飾風、形式美的似乎是圓圈式的循環卻實際在不斷充實和伸進耳目感知一樣，這裡似乎是循環的藝術形象也同樣不斷增進人的心意，它們同在構造人的心理—情感本體。其中像如何能將喜愛侵略、毀壞、殺戮（即所謂「死本能」）等人的動物本性融入這個本體，仍是哲學、美學尚未解決的一大課題。這似乎應轉入意味層的討論了。

(四)　意味層與生活積澱

上節已講到形象層中的「意味」、「有意味的形式」等等，所謂藝術作品的意味層，即包括它們，亦即它是指藝術作品的形象層、感知層的「意味」和「有意味的形式」中的「意味」。這「意味」不脫離「感知」、「形象」或「形式」，但又超越了它們。其超越處在於它既不只是五官感知的人化，也不只是情欲的人化，不

只是情欲在藝術幻相中的實現和滿足。而是第一，它所人化的是整個心理狀態；從而第二，它有一種長久的持續的可品味性。為什麼有些作品可以哄動一時，爭相傳閱，而時日一過，便被人遺忘？為什麼有些作品初次接觸時使人興奮激動和滿足，再讀卻已索然無味，有些作品則長久保持其生命力量？為什麼大量的商業電影（娛樂片）、裝飾藝術看過便忘而卓別林卻長留記憶？唐詩、宋詞，可以百讀不厭，《紅樓夢》、《安娜·卡列尼娜》還想再看一回，聽貝多芬的〈命運〉、柴可夫斯基的〈悲愴〉亦然。這些文藝作品似乎可以讓人捉摸不透，玩味無窮，在這無窮的玩味中，便作用於、影響於你整個心靈。情欲是一時的，滿足了便完事，動物食飽棄餘，某些訴諸感知和情欲的「藝術」品便有類似處，但藝術作品的意味層卻不是這樣。成功的作品之有持久性，從審美講，就在這意味層。意味層似乎構成藝術批評的重要原則，但是原則如何實現和具體化，便是藝術哲學、文藝理論所應研究的科學課題。中國司空圖《詩品》是對意味層的鑒別、分類和描繪。而從哲學美學看，意味層的持續性、永恆性與前面講的情欲層的永恆性之不同，就在情欲層涉及的是主題內容的永恆，包含有感性血肉的動物生命的族類永恆在內，而這裡所涉及的卻已超越了這種族類生理性的存在，而作為純粹人類性的心理─情感本體的建立。正是在這一層裡，體現著人性建構的實現程度。

當然意味層也有好些不同的等級、種類和秩序。正如前面已強調感知層、情欲層中亦有意味，意味層不能徹底脫離感知與情欲、形式與形象，無論悅耳悅目、悅心悅意、悅志悅神的藝術作

品中，都可以有意味層的存在。它正是審美的特質所在。

　　這種特質不同於理知認識，不同於意志凝聚。一個藝術作品，留給你和使你回味的究竟是什麼味道？是甜？酸？鹹？苦？辣？是甜酸苦辣鹹的何種配方？如前面早已說明，這很難用語言說清楚，只可意會，難以言傳。「即之愈稀，味之無窮」。它是超越語言的，任何語言和語詞都有它的反面意義，從而無有意義，藝術作品的意味層卻正是超越語言的無意義而傳遞出「意義」，從而這意義只能是不可言傳的本體意味。本來，藝術作品的感知形式層和情欲形象層所傳遞的，也是非言語所能替代或傳遞的意味，因此這意味層的「意味」便**專指**在這些意味之中的某種更深沈的人生意味。如果按神學的說法，即那種接近或接觸到絕對本體世界或神的世界的「意味」，所以藝術的最高真實完全不在事物的模寫正確，而只在這「神」意的傳達。它不是意義，只是意味；意義訴諸認識，意味訴諸情感的品味。藝術作品的感知形式層的「陌生化」從這一意味層的角度說，便不再只是感官心理需要變異，它不只是用語言可能表達或說明的感知意味，而是在這感知（以及想像）的陌生變異中，從麻木中喚醒人們去感受和領悟人生和命運，例如在極端喧囂甚至表面聽來已不成曲調的現代音樂中，卻仍然可以有沈重的感傷，這感傷不同於古典的感傷，後者溫柔含蓄，前者卻直率喊出，但更使人感到外界壓力的強大和個人命運的悲哀，顯示出了現代的人生意味，而遠不止是感知的陌生化而已了。藝術作品的情欲形象層，從這一意味層的角度說，便也不只是擴展經驗，也不只是情欲的想像滿足，而是在這種擴展和

滿足中,來確認、證實生命的意義(無意義)和動力。在中國文藝中,從古至今,非理性或反理性的原始情欲呈現較少,它們被壓抑到無意識層,這個無意識層面較少在藝術中被發掘出來。林黛玉的夢與安娜·卡列尼娜的夢就不一樣。安娜的夢有非理性的神祕成分,林黛玉的夢則完全可以用理知解說清楚。其實有神祕成分,更有味道,它可以對人性和哲理發掘得更深,給人更強烈的意味而令人思索。所以,儘管生命意義和意味不等於生命,但生命意義和意味卻只能在這生命中。生命意味在於超越此有限的個體生命,而不在否定這生命;徹底否定或完全脫離生命的「生命意義」,將成為「否定生命的意義」,就發生了語言悖論,於是走向宗教。我所重視的生命意義和意味不脫離生命,則正是審美的,這也就是我所說的審美(中國儒道互補)與宗教(基督教、佛教)之不同所在。從而,與感知形式層、情欲形象層相對待相區別卻又相滲透的便正是這人生的意味層。這「意味」儘管似乎有時是超世的,神祕的,甚至宗教的,但歸根到底卻仍然是人生的,生命的。像《紅樓夢》、〈英雄交響曲〉、瑪雅神廟……不都要通過感知形式和情欲形象來展示出這種人生意味或命運悲愴麼?

儘管藝術並無進步可言,卻又仍然以其特定時代的心理同構不斷結構著豐富著整個人類的心理本體,這也就是把時間凝凍起來的歷史存在,這種存在是種心理形式的存在,這心理形式的存在才賦予已消逝的歷史以真實的生命。如果說,在黑格爾,因為絕對理念是純精神,是上帝,從而作為感性形象的藝術便必需過渡到宗教,而不能在自身中充分實現最高的精神層次;那麼,在

人類學本體論，則恰恰是在具有感性形象的藝術中便能實現最高的精神層次，這也就是人生的意味、生命的存在和命運的悲愴。這也才是藝術本身的本體所在。它自身即是一個並不依存於個體經驗心理的自足的客觀「世界」。也因為這偉大的人生意味在藝術作品世界中的保存，才使人類的心理－情感本體有不斷的豐富、充實和擴展，如前面多次指出，它們相互對應，彼此助長。如果說，工具－社會本體由實踐的因果性、時空性而建立而顯現，那麼心理－情感本體則由藝術對因果、時空的超越，而使人得到解放。面對那藝術作品的世界，似乎勾銷了時間，過去的成了現在的體驗；也似乎勾銷了空間，異域的成了家園的感觸；也似乎勾銷了因果，果實倒成了原因。於是情感從具體的時空因果中昇華出來，享受著也參預著一個超時空因果的本體世界的構建；這就是心理－情感本體，它是物態化的藝術世界的本源和果實。

　　所以，成功的藝術作品不僅具有歷史性，同時也具有開放性。它隨著時代、隨著讀者觀眾而不斷更新，不斷展示出它的新的意味。這種歷史性和開放性恰好是同一的，藝術意義的聯繫性正在於它們是心理本體的不斷創造和豐富，從而它才不是主觀的，也不只是經驗的，而具有整體生活的和總體歷史的本體性質。對藝術的個人體驗從屬於又構造著這本體。藝術作為與此本體相對應的物態化，通過與情欲層的聯繫而使此本體具有潛在的行動性（「以美儲善」），通過與感知層聯繫使此本體具有潛在的可理解性（「以美啓真」）[11]；它直接培育著人性亦即人類特有的文化－心理結構。可見，這個結構並不只是經驗科學的個體主觀心理狀況，

而是具有歷史性的超越的哲學本體存在。藝術正是人類這種作為精神生命的本體在不斷伸延著的物態化的確證。人們在這物態化的對象中，直觀到自己的生存和變化而獲得精神上的培養，增添了自我生命的力量。因此這裡所謂生命力就不只是生物性的原始力量，而是積澱了社會歷史的情感，這也就是人類的心理本體的情感部分。它是「人是值得活著的」的強有力的確證。藝術的最高價值便不過如此，不可能有比這更高的價值了，無論是科學或道德都沒有也不可能達到這個有關生命意義的價值。所以，藝術及其意味作為歷史性與開放性之同一，不只是回首過去，也不只是現時體驗，它同時是指向未來的。它和時間一樣，把過去現在未來融為一體，是無時間的時間，所以，它是永恆的，只要人類能永恆的話。

於是，下一個問題便是「人」與「天」（大自然、宇宙）的問題了，即人生意味、生命意義與宇宙何干的問題。1953 年出版了三本美學著名書籍：尼古拉・哈特曼 (N. Hartmann) 的《美學》、蘇珊・朗格的《情感與形式》、杜夫海納的《審美經驗現象學》。有意思的是，三本書都重視了藝術作為情感符號因為與天地萬物相同構對應而具有生命力量，都強調藝術作品是這種自然生命的形式，這與中國傳統美學很有接近處，即觸及了「人的自然化」問題。現在有些人說中國藝術的美學精神是表現，西方是再現，便未免太簡單了。其實中國古典美學重視去「表現」的，與其說

---

11 參看《我的哲學提綱・關於主體性的補充提綱》。

是個體的情感思想，不如說是宇宙天地的普遍規律。「大樂與天地同和」，「文者，天地之心哉」，「一畫」，各個藝術部門都以這種「天人合一」（自然人化和人自然化）為最高要求和準則，因此它也可以說是再現。實際上，無論用再現與表現，都不能確切地表達或說明這一特點。意味層的「意味」，那超越情欲形象和感知形式的人生意味，其中很重要的一個方面、種類或內容，便來自這種「天人合一」的感受，即其中包含有與宇宙普遍性形式的情感同構感應。正由於人生意味與這種天人同構相溝通交會，使藝術作品所傳達出的命運感、使命感、歷史感、人生境界感等等，具有了某種神祕的偉大力量。在這裡，只有個別的才是普遍的，普遍的概念、理知都沒有這種生命和力量。在這裡，只有抽象的才是具體的，這裡的抽象既不是現實事物變形抽象，也不止是情感表現形態抽象，而是對世界、宇宙、人生的情理交融的領悟的抽象，這種抽象是概念抽象所不可能有的。如果說，在感知形式層裡，形式結構自身具有表現力，接受者從與之對應中所獲得或激起的感知大於由具象的內容、故事、情節所獲得或激起的，在藝術幻想世界的形象層裡，由於與原始衝力或無意識原型的聯接所獲得或激發的情欲力量也大於具象的內容故事，這兩者在一定意義和程度上都可以說是某種「天（自然）人（社會）合一」的話；那麼，在意味層裡，這種「合一」便終於達到既奠基於其上又超越前兩層的最高峰。因此回過頭看，再來回答藝術與非藝術的區劃或好壞藝術的準則時，能否提供這種意味層，便可以看作標準之一。美感儘管不能脫離形、色、聲、體的感知、想像和情感、

欲望，但其高級形態卻常常完全超越這種感知、想像和情欲，而進入某種對人生、對宇宙的整個體驗的精神境界。音樂之所以比其他許多藝術常常更能達到某種哲理的深度，也是因為這最高哲理是訴諸於人的感受、情感的人生一宇宙感懷。這也就是藝術作品的「意味層」。莊子的那些描述以及「微妙無形，寂寞無聽」（阮籍）[12] 等等對音樂的描述，便都是藝術作品的這種意味層的經驗。

藝術本來是在一定時空中的。它有時代性、歷史性；但如前所述，恰恰是藝術把時空凝凍起來，成為一個永久的現在。畫幅上，電影中，小說裡，即是這種凝凍的時空，它毫不真實，卻永不消逝。謝林 (Schelling) 說藝術勾銷時間。這種勾銷卻使心理增長。時空本是人類把握世界的基本感性方式（康德）[13]，藝術裡的時空卻成為人類心理增長的途徑。其中又特別是時間，只在時間中進行的音樂常常成為衡量藝術意味的某種標尺。人類和個體都通過時間的體驗而成長，人經常感嘆人生無常，去日苦多，時間一去不復返，總希望把時間喚醒、逆轉和凝凍，藝術便能滿足人的這種要求。時空從人們現實地把握世界的感性知覺變而為體驗人生的心理途徑，它直接地喚醒、培育、塑造人的自覺意識，豐富人的心靈，去構建這個藝術—心理情感的本體世界，以確證人類的生存和人的存在。

---

12 參看李澤厚、劉綱紀：《中國美學史》第 2 卷。

13 參看《批判哲學的批判》。

　　因之，如康德所云，只有天才才能創造藝術。他指的天才並
不是天資，而是指藝術作為審美理想的表現，有將深刻的人生內
容轉化成藝術形式的偉大才能，以造成偉大的意味層。這種創作
是「無法之法」。它不能教，沒有固定的法則方式，純靠藝術家個
人去捕捉從而去表現那既有理性內容，又不能用概念來認識和表
達的東西，創造既是典範又是獨創的富有人生意味的作品。所以
作家能夠走在思想家、理論家的前面，最早捕捉到和表現出富有
重大時代意義的課題，儘管作家、藝術家不能從理論上了解它們，
分析它們，卻仍然能從藝術反映或表現出來。科學是理性的意識，
藝術是感性的自我意識，這意識由於不離感性，從而是個體的領
會，而非公共的言語；它就在感受（接受）自身中，而並不指示
外物，所以它不需要語言，只要普遍（一定時代社會的）接受性
亦即康德所說的「先驗的共同感」。這個「先驗的共同感」其實不
是別的，正是本書所反覆講到的人類自己建立的歷史的心理－情
感本體。

　　因此經常可以看到，有些作品如陀斯妥也夫斯基雖然藝術形
式粗糙，但因為它提出了根本性的人生問題，深入觸及了這本體，
超越了感知的愉悅和情欲的滿足，具有深刻人生意味，使人感受
極為強烈。但是，這又是為何可能的呢？

　　我在 1955 年曾用「社會氛圍」來代替普列漢諾夫的「社會心
理」，講說藝術創作。我認為，「社會心理」一般來說比較抽象、
靜止、平面、持久，「社會氛圍」則非常具體，它可以是突發性
的，範圍可大可小，時間可長（可以是一個時代的）可短（也可

以是半個小時的），它是動態的，立體的，與社會的物質現實（具體事件）直接相聯，它常常是時代、問題、力量的具體呈現。例如周恩來剛逝世時北京群眾的悲憤所造成的社會氛圍，天安門事件時期的社會氛圍，就遠比社會心理要具體、清晰和「物質化」。有時氛圍的範圍也可以很小，如幾個人談話，談著談著「氣氛」就變了。我認為作家、藝術家最重要的就是要善於感受這種種氛圍，特別是具有深刻意義的社會氛圍，因為這種社會氛圍能集中表現社會的潮流、時代的氣息、生活的本質。它和人們的命運、需要、期待交織在一起，其中包括有熾烈的情感，有冷靜的思考，有實際的行動，從而具有深刻的人生意味。曹雪芹的「淒涼之霧遍被華林」，托爾斯泰的「俄國革命的一面鏡子」，陀斯妥也夫斯基的心理折磨和苦難，卡夫卡的可怖的異化人生，都是透過形象層傳出的深刻的人生意味，它們正是特定社會氛圍的生活積澱。現代生活中偶然性的增大，使命運感愈益凸出，荒謬、絕對孤獨、無家可歸……，無不透過「氛圍」而滲入作品中。善於感受和捕捉社會氛圍，對藝術創作是很重要的。這就是生活積澱，即把社會氛圍轉化入作品，使作品獲有特定的人生意味和審美情調，生活積澱在藝術中了。例如，在那麼吵鬧毫無思想的 disco 舞蹈中，卻也仍然可以有人生的深刻意味，青年們之所以為此「瘋狂」，其實並不是件淺薄的事。

生活積澱而成為藝術作品的意味層，恰好是對形式層的原始積澱和形象層藝術積澱的某種突破而具有創新性質。因為原始積澱和藝術積澱都有化內容為形式從而習慣化、凝固化的傾向，例

如前面講到的裝飾風、形式美；生活積澱則剛好相反，它引入新的社會氛圍和人生把握而革新、變換著原有積澱。席勒曾將美說為生命的形式：如果只有形式，那將是抽象的；只有生命則是一堆印象、材料而已。作為美的藝術，正是透過形式的尋覓和創造而積澱著生命的力量、時代的激情，從而使此形式自身具有生命、力量和激情。這即是生活積澱。可見，積澱本身也是在矛盾衝突中變遷承沿著的。困難是，藝術作品的三種層次，積澱的三種不同性質、形態，又經常是交錯重疊，彼此滲透而難以區分。這就需要更多的具體分析，不可一概而論了。舉其大端，則可簡括為：原始積澱是審美，藝術積澱是形式，生活積澱是藝術。

所謂積澱，本有廣狹兩義。廣義的積澱指所有由理性化為感性、由社會化為個體、由歷史化為心理的建構行程。它可以包括理性的內化（智力結構）、凝聚（意志結構）等等，狹義的積澱則是指審美的心理情感的構造。本書所述三積澱均屬狹義範圍。

積澱既由歷史化為心理，由理性化為感性，由社會化為個體。從而，這公共性的、普遍性的積澱如何落實在個體的獨特存在而實現，自我的獨一無二的感性存在如何與這共有的積澱配置，便具有極大的差異。這在美學展現為人生境界、生命感受和審美能力（包括創作和欣賞）的個性差異。這差異具有本體的意義，即那似乎是被偶然拋入這個世界，本無任何意義的感性個體，要努力去取得自己生命的意義。這意義不同於機器人的「生命意義」，它不能邏輯地產生出來，而必需由自己通過情感心理來尋索和建立。所以它不只是發現自己，尋覓自己；而且是去創造、建立那

只能活一次的獨一無二的自己。人作為個體生命是如此之偶然、短促和艱辛，而死卻必然和容易。所以人不能是工具、手段，人是目的自身。

於是，回到人本身吧，回到人的個體、感性和偶然吧[14]。從而，也就回到現實的日常生活 (every day life) 中來吧！不要再受任何形上觀念的控制支配，主動來迎接、組合和打破這積澱吧。藝術是你的感性存在的心理對應物，它就存在於你的日常經驗 (living experience) 中，這即是心理—情感本體。在生活中去作非功利的省視，在經驗中去進行情感的淨化，從而使經驗具有新鮮性、客觀性、開拓性，使生活本身變而為審美意味的領悟和創作，使感知、理解、想像、情欲處在不斷變換的組合中，於是藝術作品不再只是供觀賞的少數人物的產品，而日益成為每個個體存在的自我完成的天才意識。個體先天的潛力、才能、氣質將充分實現，它迎接積澱、組建積澱卻又打破積澱。於是積澱常新，藝術常新，經驗常新，審美常新；於是情感本體萬歲，新感性萬歲，人類萬歲。

---

14 參看拙著〈關於主體性的三個提綱〉。

美的歷程

李澤厚　著

本書以宏觀鳥瞰角度對中國數千年的藝術、文學作了概括描述和美學把握。從遠古藝術、殷周青銅器藝術，經過先秦、魏晉、六朝、唐，到宋元後的山水繪畫與詩詞曲，以及明清時期小說、戲曲等藝術表現，作者皆提出了許多前人所未發現的重要觀念，形成美學上的重要議題。

華夏美學

李澤厚　著

作者漸進式的論述遠古的禮樂、孔孟的仁道、莊生的逍遙、屈子的深情和禪宗的形上追求，得出結論：中國哲學、美學和文藝，以及倫理政治等，都是建立於一種心理主義上，這種心理主義不是某種經驗科學的對象，而是以情感為本體的哲學命題。這個本體，不是上帝，不是道德，不是理智，而是情理相融的人性心理。它既「超越」，又內在；既是感性的，又超越感性，是為審美的形上學。

美學論集

李澤厚　著

作者提出以人類總體實踐的基礎的「自然的人化」，來解說美、美感及自然美的根源，不僅在當時耳目一新，而且影響至今。此觀點由作者獨創，為前人所未曾道，因頗具哲學深度，為愛好理論之青年學人所歡迎，而迄今大陸美學仍少有能逾此藩籬者。本書收集作者參與五〇年代美學論爭的全部論文，以及其他美學、中國古典文學等論著，呈現作者前期主要的美學思想。

中國民間美術

薄松年 著

中國是一個多民族的國家，眾多民族都創造了各具特色的民間美術；民間美術流行於人民生活的各個方面，在節日禮俗、宗教信仰及衣食住行中幾乎無所不在；但過去的歷史文獻對民間美術記載卻很少，多零散見於民俗及筆記雜著書籍之中。本書輯錄了作者近五十年來關於中國民間美術研究的文章，內容區分為「品類篇」、「地區篇」、「民俗篇」三部分，內容涵蓋的範圍相當廣泛，羅列的資料亦十分珍貴，文中並補充七百多幅圖片，適合一般美術愛好者作為研究與鑑賞民間美術的參考書籍。

亞洲藝術

高木森 著／潘耀昌、章利國、陳平 譯

藝術品是人類心靈的「腳印」，研究藝術史可以令我們重新接近古人的心跡，順著古人腳印走一遍歷史旅程，遍覽五花八門的智慧大表演。藝術史則是世界公認最佳的通識教育課程，本書從宏觀角度，以印度、中國、日本三國為研究重點，旁及東南亞、中亞、西藏、朝鮮等地藝術史。藉歷史背景之介紹、藝術品之分析比較、美學之探討、宗教之解說，以及哲學之思辨，條分縷析亞洲六千多年來錯綜複雜的藝術發展歷程。

美術鑑賞

趙惠玲 著

美術作品是歷來的藝術家們心血的結晶，可以充分反映各個時代的思想、感情及價值觀。因此，欣賞美術作品是人生中最愉悅而動人的經驗之一。本書期望能藉著深入淺出的文字說明及豐富多元的圖片介紹，從史前藝術到現代藝術、從純粹美術到應用美術、從民俗藝術到科技藝術，逐漸帶領讀者進入藝術的殿堂，暢享藝術的盛宴。

樂於藝

劉其偉　著

作者長年浸淫於藝術創作與文化人類學的研究中，身兼工程師、畫家、人類學家、探險家、作家等多種身分，不論是對於藝術的作品分析、自身習畫的心得，抑或是文化人類學的探究，皆有真誠的人生體會。本書三十五篇散記，集結了作者早年自修知識、畫旅報導、論述評介，為青年一代而寫，希望能帶給青年朋友一些對於技藝學習的情趣——閱讀的同時，可以體會作者對藝術的熱愛、對生活的熱情與活力，這也是我們每一個人在面對生活時所需具備的態度。

國家圖書館出版品預行編目資料

美學四講／李澤厚著.－－二版一刷.－－臺北市：三民，2022
　　面；　公分.－－（李澤厚論著集）

　　ISBN 978-957-14-7359-8　（精裝）
　　1. 美學 2. 文集

180.7　　　　　　　　　　　　　　110020316

【李澤厚論著集】

美學四講

作　　者	李澤厚
發 行 人	劉振強
出 版 者	三民書局股份有限公司
地　　址	臺北市復興北路 386 號 (復北門市)
	臺北市重慶南路一段 61 號 (重南門市)
電　　話	(02)25006600
網　　址	三民網路書店 https://www.sanmin.com.tw
出版日期	初版一刷 1996 年 9 月
	二版一刷 2022 年 2 月
書籍編號	S900331
Ｉ Ｓ Ｂ Ｎ	978-957-14-7359-8

三民書局